GÜTERSLOHER
VERLAGSHAUS

Neu anfangen:
überwintert nach dürren kalten Tagen
aufbrechen

Gewiss sein:
mit schmalen Lippen und schwacher Kraft
festen Boden spüren

Befreit werden:
nach dunklen Tagen und durchwachten Nächten
die verkrampften Arme weiten, die geballten Hände öffnen

Hoffen:
nach kurzen Sätzen und beklemmender Stille
mutig den Diagnosen trotzen

Vertrauen:
guten Wünschen, den Worten
und dem Händedruck Glauben schenken

Leben dürfen:
nach abschließender Diagnose
den Jubel des eigenen, trotzigen Herzschlags spüren

Lieben:
nach der Flucht in den Schutz des Dunkels der Einsamkeit
herausgelockt, geliebt werden

Trösten:
aus der Ohnmacht der Trostlosen aufbrechen
schöpfen aus tiefen Quellen

Staunen:
die Gnade der Geburt als Mensch
am eigenen Leib spüren

Feiern:
ich darf sein
und bleiben. –
Es gibt so vieles noch zu entdecken

Inhalt

Vorwort

Menschen sind trostbedürftig. Wunde Seelen sind offen. Menschen sind müde, hören täglich, wie die Alterspyramide wächst und ihre Chancen sinken.
Wahrscheinlich sind die Tiere auch müde. Ja, auch der Oleander, der wie der Wein unter der Trockenheit leidet oder die Hortensie. Sie lässt die Blätter hängen. Der Boden dürstet nach Regen. Nicht anders der Fluss, der die Schwemme nicht mehr tragen kann, oder das junge Amselehepaar in unserem Garten, das drei Nestflüchter verloren hat.
»Trost« und »Trösten« sind mit guten Gründen häufig biblische Worte. Sie hängen etymologisch eng zusammen mit »trust«, mit Vertrauen. Vertrauen braucht Wiederholung. Da sind die Jahreszeiten, da sind Briefe und Besuche, da sind Gottesdienste und Gebete, die Feiertage und die Trauertage, die Lieder und die biblischen Texte, Gedanken aus der Einsamkeit wie Gedanken des Findens und Gelingens.
Wir sind eine Trostgemeinschaft. Nicht nur, weil wir älter werden.
Auch das Kind, dessen Goldhamster gestorben oder dessen Wellensittich aus dem Fenster entwischt ist, braucht Trost. Nicht minder das Kind, dessen Eltern sich nach einer gescheiterten Ehe trennen.

Ich wollte ein Buch zusammenstellen, das als »Trostbuch« einige Zeit Gültigkeit haben kann. Es sollte für möglichst viele, trostbedürftige Situationen taugen. Eben: »... den Müden ein Fest«.

Bibel und Gesangbuch, das waren die Trostbücher für Generationen vor uns. Abends beim Schein der Petroleumlampe oder einer Kerze las die Großmutter – ein selten gewordenes Wort

– in und aus der Bibel. Meine alte Tante las immer aus und in einem »Andachtsbuch« (Erschienen ist das bald 800 Seiten starke Werk in Stuttgart im Jahr 1888.) Abzählverse und Familiendaten hat sie in ihre Bibel und auf die leeren Seiten ihres Andachtsbuches geschrieben. Wahrscheinlich besaß sie außer diesen beiden Büchern und dem »Lahrer Hinkenden Boten« keine weiteren Bücher. Ach, natürlich noch das Gesangbuch. Laut gelesen, weiten Bibeltexte oder Liedtexte das Leben, öffnen Grenzen, brechen Trauer auf, rufen ins wache Leben, legen Hand an und können auch eine wunde Seele streicheln.

Wer tröstet mich, wenn ich trostbedürftig bin?
Mein Lehrer und Freund Jörg Zink hat mir einmal geschrieben: *»Gerhard, warum traust du deinem Zweifel mehr als deinem Glauben?«*
Der Brief liegt viele Jahre zurück. Der Satz des Freundes hat sich mir eingefurcht wie mein Tauf- und Konfirmandenspruch, wie der Bibeltext zur Einführung in meine Pfarrstellen. Wenn es um Trost geht, denke ich dankbar an diesen Brief. Er reißt immer wieder neu die Weite auf, aus der ich selbst schreibe. Dieser Satz war ein Geschenk.
Dieser Satz hat mich »weit« gemacht«, auch wenn ich mich unterm Tag beengt fühle. Jörg hat mich eingeholt. Hat mich überholt. Was bin ich ihm dankbar.
Kein Mensch außer meiner Frau Simone und meinem vor Jahrzehnten früh verstorbenen Vater hat mir einen so wuchtigen, wesentlichen Satz gesagt. Es bedarf – das habe ich inzwischen verstanden – eines »Größeren«, der mich weitet, tröstet, freispricht. Es wäre schlimm, wenn die oder der »Größere« »von oben herab« streichelt. Dann ducke ich mich. Es muss ein Mensch sein, der mich größer und weiter macht. Er muss es nicht besser wissen. Aber es muss ein Mensch sein, der mich aufrichtet. Ein Engel, der mir Flügel verleiht. Ein Wanderrabbi wie Jesus, der mir auf dem Weg befreiende Geschichten erzählt. Gott selbst macht mich groß und richtet mir ein Fest aus.

Leben entfaltet sich widersprüchlich. Diese Widersprüchlichkeit habe ich versucht, mit kurzen biblischen oder heutigen Gedanken zu Beginn jedes Kapitels glaubwürdig einzufangen.

Meinem Grafiker- und Künstlerfreund Pit Elsasser danke ich, dass er grafisch meinen Traum gestaltet hat: zwischen Erde und Himmel, auf einer Blumenwiese, unter Wolken und Baum ein Fest feiern, lesen, dankbar genießen. Der Himmel schenkt uns immer wieder neu Menschen, die uns reicher machen: durch Partner, Kinder, Enkel, Freunde geerdet, dennoch dem Himmel verbunden ... Ach, ist gelegentlich das Leben doch schön.

Unser jüngster Enkel Paul entdeckt – knapp zweijährig – in diesen Monaten die Welt. Staunt über den Mond, wippt auf dem Schaukelpferd, wenn ich mit der Gitarre ein Lied singe; geht mit mir im Keller Äpfel, Instrumente, Spielzeug und andere Schätze entdecken und macht die Arme breit, wenn er mich sieht.
Wenn Liebe Wurzeln schlägt, dann ist selbst der Opa (der Großvater) angekommen.

Ich kannte leider nur einen »Großvater«: Karl Lansche. Er ist 1958 gestorben. Ihm, dem ich wesentliche, wenn auch kurze Erinnerungen verdanke, und meinem Enkel Paul Engelsberger für die von ihm geschenkte Weite sei – über vier Generationen hinweg – dieses Buch in Erinnerung und Vorfreude gewidmet.

Gerhard Engelsberger, im Winter 2016

Fehlstarts und Umwege

Sie sind hart
bei einem Fehlstart.
Sie kennen kein Pardon
und schließen aus.
Sie lästern
über meine Ortskenntnis.
Sie meiden Umwege.

Ich brauche länger.

Wer behutsam unterwegs ist,
überholt nicht die Stille.

Lasst mich
in Ruhe!

Präludium in C

Noch eine kleine Weile, dann werdet ihr mich nicht mehr sehen.
Johannes 16,16a

Ich bin bei euch alle Tage bis an der Welt Ende.
Matthäus 28,20

Neulich sagte er, er warte nun nicht mehr. Habe lange genug gewartet. Alles habe ein Ende. Das sei keinem Esel zuzumuten. Und die hätten doch wahrlich Geduld.
Ich habe mir dann überlegt, wie das bei mir ist.

Wie viel Geduld ich habe. Eigentlich sollte sie von Jahr zu Jahr mehr werden. Ich habe aber den Eindruck, sie wird von Jahr zu Jahr weniger. Vielleicht wartet man, wenn man älter wird, nicht mehr so offen? Hat zu klare Vorstellungen, eine bemessene Zeit und ist deshalb viel häufiger enttäuscht.

Neulich also sagte er, er warte nun nicht mehr. Seit vier Jahren sitze er an dieser Straße mitten in der Stadt und spiele seine Lieder. Nun habe er lange genug gewartet, dass jemand danke sagt. Alle hätten ihm nur immer Geld hingeworfen. Aber Geld sei eigentlich nie sein Problem gewesen, sagt er.
Ich weiß nicht so recht.
Wie er aussieht! Etwas abgerissen. Etwas gestrig.
Und von weit her.

Nein, sagt er, Geld ist drittrangig.
Es hat keiner danke gesagt.
Und es hat niemand getanzt.
Er gehe nun in eine andere Stadt, oder ganz weg.
Packte seine Geige in den Kasten und ging.

Wir werden der Welt sagen, dass er wiederkommt.
Das ist unsere Berufung.
Er wird wiederkommen.
Er wird seine Geige auspacken.
Und die Menschen werden stehen bleiben.
Die Menschen werden verstehen.
Die Menschen werden danke sagen.
Und sie werden tanzen.

Und bis er wiederkommt, packen wir unsere Instrumente aus und spielen. Das ist wohl nur ein Vorspiel und klingt nicht ganz so himmlisch.
Jesus sagt: das sei schon in Ordnung so.
Ein Vorspiel unter offenem Himmel – unser Auftrag.
Unter offenem Himmel ein Präludium in C.

Mein Vater übrigens hat selbst Geige gespielt.
Und mir geduldig zugehört.
Bei allen Fehlern und Tönen.

Umwege

Das ist ein Umweg. Und du bist nicht schwindelfrei.
Und da hinten wird es schwarz.
Simone auf 2.500 m Höhe in Österreich

Meine Gedanken sind nicht eure Gedanken,
und eure Wege sind nicht meine Wege, spricht der HERR,
sondern so viel der Himmel höher ist als die Erde,
so sind auch meine Wege höher als eure Wege
und meine Gedanken als eure Gedanken.
Jesaja 55,8.9

Nichts in der Bibel ist »glatt«.
Nichts im Talmud, nichts im Koran, nichts in den Veden.
Es gibt keine »glatten« Lebensläufe.
Es gibt Umwege, Ecken, Querungen,
steile Treppen und Gletscherspalten.

Im ersten meiner Bücher habe ich geschrieben:
»Alle unsre Wege, Herr,
führen in deine Hände.
Lass deine Hände offen, Herr,
bis wir uns finden,
komm uns entgegen
und achte auf uns –
wir kommen auf Umwegen.«

Den Verlag gibt es nicht mehr. Mein Buch[1] nur noch antiquarisch. Was bleibt, ist die Sehnsucht, dass man auch auf Umwegen ankommt. Dass es für die Müden ein Fest gibt und dem Zweifler eine verständliche Antwort.
Seit dem ersten Buch sind 25 Jahre über das Land und die Zeit und die Seelen gegangen. Ob etwas Heilendes haften blieb?

Vielleicht ein Fingerzeig?

»Sag: Ich will«
Auto-Aufkleber

Weißt du, wer ihr das Maß gesetzt hat
oder wer über sie die Richtschnur gezogen hat?
Hiob 38,5

Gott misst mit anderen Maßen.

Wir messen in Stunden,
Gott in Lichtjahren oder Ewigkeiten.
Wir in Kilowatt.
Er in Liebesenergien.
Wir in Zentimetern und Metern.
Gott in Galaxien oder was auch immer.
Wir meinen unser Recht.
Und Gott meint das, was uns rettet.

Wir haben das Größte zum Wichtigsten gemacht.
Das Universum.
Den Katalog.
Hoch- und Weitsprung.

Der Andromedanebel rast auf uns zu.
Zweieinhalb Millionen Lichtjahre entfernt.
Wenn wir uns zeitlebens,
weiß Gott, kreuzen –
oder gar vernichten,
dann gibt es eher niemanden mehr
von uns.

Ich zähle mein Leben in Jahren.
Wir zählen die Zeugnisse der Bibel in Jahrhunderten.
Wir berechnen die ersten verständigen Menschen
seit 200.000 Jahren.

Ich denke neu.
Ich denke eher vom Kleinen zum Großen.
Von der Schneise zur Wucht.
Von der Schaufel zur Sprengung.
Vom kleinen »Jetzt« zu wuchtigem »Dann«.
Von Eiszeit zu Eiszeit.

Du magst über die Polarkappen wandern,
in Tibet die Achttausender erobern
oder in der Sahara
Löwen fotografieren,
oder Giraffen
oder Antilopen
oder Elefanten.

Es bleibt, dass wir übergriffig sind.
Männer auf Mädchen.
Kinder auf Abziehbilder.
Unsereins auf die Schöpfung.
Und morgen
blüht uns
ein hartes Erwachen.

Es sei denn,
wir achten
auf die Kleinigkeiten.

Lass das Grübeln

Ich mach' mir jeden Tag einen Kopf.
Das wummert. Und ich weiß nicht weiter.
Bernd, 45 Jahre alt, geschieden, Angestellter

Denn der HERR hat deine Strafe weggenommen
und deine Feinde abgewendet. Der HERR, der König Israels,
ist bei dir, dass du dich vor keinem Unheil mehr fürchten musst.
Zephania 3,15

Drei Schüler sprechen mit ihrem Meister.
Alle drei sind sie unzufrieden.
Sie haben Tränen in den Augen.
Wünschen sich, tiefer, eins mit Gott
und eins mit sich selbst zu sein.
Aber sie sind allesamt gescheitert.

»Was trennt mich von Gott?«, fragt der eine.
»Was trennt mich von mir selbst?«, fragt der andere.
»Warum gelingt mir nicht, was dir gelingt?«, fragt der dritte.

Intensiv betrachtet der Meister seine Schüler.
Schweigt. Nickt langsam mit dem Kopf.

»Was macht ihr am Abend, bevor ihr schlafen geht?«,
fragt er schließlich.

Der eine: »Ich ziehe die Bilanz meiner Fehler. Dann bitte ich Gott um Vergebung und Besserung am morgigen Tag.«
Der Zweite: »Ich denke intensiv darüber nach, ob ich etwas Gutes und Wesentliches versäumt habe.«
Der Dritte: »Ich halte meinen Tag neben deinen Tag, Meister.
Dann überlege ich, was mir noch fehlt zur Vollkommenheit.«

Der Meister schweigt lange.
Zeit vergeht.
Er hat die Augen geschlossen.

Dann erwacht er mit einem verschmitzten Lächeln aus seiner Versenkung und wendet sich seinen Schülern zu:

»Ich habe mit euren Engeln gesprochen.
Ich habe sie gefragt,
was sie am Abend tun, bevor ihr drei schlafen geht.«

»Und was tun sie?«
»Sie nehmen all das Gute, das euch einfällt, und schmunzeln. Sie packen alle eure Leistungen und Erfolge zusammen, sammeln alle eure Fehler und Misserfolge und machen daraus einen Ball.«
»Und dann?«

»Dann spielen sie damit ein wenig.
Spaß muss sein.
Und nach dem Spiel lassen sie die Luft raus aus dem Ball
– und werfen ihn weg.«

Nichts bleibt – gedulde dich

Hey, dreh mal lauter!
Marius, 12 Jahre, auf einer Kinderfreizeit

Sei nur stille zu Gott, meine Seele;
denn er ist meine Hoffnung.
Psalm 62,6

Nichts bleibt.

Morgen schon steht die Sonne
höher oder tiefer.

Auch du bist morgen
ein anderer.

Wenn du den Weg nach innen gehst,
begegnen dir deine Schatten,
leuchtet Gott dir in die Seele,
öffnen sich Türen
und schließen sich Läden.

Geh behutsam, langsam.

Wer schnell geht,
überholt die Stille.

Gedulde dich.

Eines Tages stehst du
ganz im Licht.

Fehlender Segen

Versager!
Gabriel, 12 Jahre, nach einem Fehlaufschlag
beim Volleyball, zu Stephan, 11 Jahre

Der HERR segne dich und behüte dich;
der HERR lasse sein Angesicht leuchten über dir und sei dir gnädig;
der HERR hebe sein Angesicht über dich und gebe dir Frieden.
4 Mose 6,24-26

Ich erinnere mich gut an unseren zweiten von fünf Fernsehgottesdiensten. Der Regisseur, den ich sehr mochte, Akos Ravasz, Katholik, ein sehr verinnerlichter und im guten Sinn am kultischen Geschehen interessierter Mensch, hatte es schon schwer genug mit unserer nüchternen Kirche. Wie soll man aus einer solchen Kirche einen Gottesdienst übertragen?

Zum Gottesdienst gehören Stimmungen, Gefühle, Bilder.
Er hat mich nach dem Gottesdienst kopfschüttelnd umarmt.
Es war alles gut, es war mehr als gut.
Gemeinsam hatten wir aus diesem nüchternen Raum doch noch eine Kirche werden lassen.

Aber – ich hatte den Segen vergessen. Wie kann man am Ende des Gottesdienstes den Segen vergessen. »Darauf warten die Leute«, sagte er mit seinem ungarischen Akzent. »Darauf warten die Leute. Der Segen ist das Wichtigste!« Ich, froh darüber, ohne größere Pannen über die 45 Minuten gekommen zu sein, ich hatte die Menschen um das Wichtigste betrogen, um den Segen.
Von einigen Hundert Zuschriften hat nur eine das Fehlen des Segens moniert.

Aber mir ist an dieser Geschichte vieles deutlich geworden. Natürlich können Worte helfen und trösten. Natürlich kann eine Predigt aufrütteln, nachdenklich machen, erhellen, einladen. Aber der Segen ist eine andere Kategorie. Das ist die immer wieder neue Zusage, dass du hineingenommen bist in den großen, langen Atem Gottes, in ein von Gott in Gang gesetztes Kommen und Gehen, ein stetiges Fließen.

Und eben das suchen wir eigentlich, wo doch so vieles brüchig geworden ist. Wo du hier dich rechtfertigen und dich dort absichern musst. Es ist doch keine Liebe selbstverständlich, keine Ehe, kein Arbeitsplatz, kein Frieden. Nicht einmal Rente, Pension, Kinder- und Krankengeld.

»Das ist so sicher wie das Amen in der Kirche«, das heißt, darauf kannst du dich wirklich verlassen. Und wenn dann der Pfarrer das Amen vergisst, dann ist wirklich alles aus dem Lot.

Unsere Kirche darf nicht nur der Ort sein für Gedankenarbeit. Sie muss auch ein Ort der Stille werden können. Ein geschützter Raum, in dem ich mich einstimmen lassen kann in das Danklied der Schöpfung Gottes. In dem ich beten kann und schweigen. In dem ich die Gegenwart Gottes nicht nur spüren kann, wenn »etwas getan oder gesagt« wird.
Ich bin mir der begrenzten Möglichkeiten bewusst. Aber ich weiß eben auch, dass der Mensch das braucht, lebensnotwendig.
Der Segen spricht das Lebensnotwendige zu.

Der Herr schenke dir wieder neu deine Lebenskraft,
Freude an deinen Gaben, an deiner Zeit.
Der Herr lasse dich seine Nähe spüren, mit jedem Atemzug,
mit jedem Gedanken, jeder Umarmung, jedem Blick.
Gott schenke dir alles, was du zum Leben brauchst.
Gott segne dich.
So etwa.

Sense

Wie eng ist die Pforte und wie schmal der Weg,
der zum Leben führt, und wenige sind's, die ihn finden!
Matthäus 7,14

Gott schreibt auch auf krummen Linien gerade!
Paul Claudel (Der seidene Schuh)

Sie ist vielleicht Mitte vierzig.

Wir haben über Rundfunksendungen schon länger brieflichen Kontakt. Und nun ist sie zwei Stunden hergefahren und wir reden miteinander. So vieles ist schiefgelaufen in ihrem Leben. Wir suchen gemeinsam – sie in ihrem, ich in meinem Leben – nach guten Lebenserfahrungen.

Sie erzählt mir von ihrem Opa.
Wahrscheinlich ein sehr einfacher Mann, aber ausgestattet mit Herzensweisheit.
Sie erzählt, dass sie Linkshänderin ist. In ihrer Kinderzeit hat man das noch als Krankheit auszutreiben versucht. Wie man Bäume auf Spalierobstgröße schneidet, damit man sich nicht mehr bücken, nicht mehr strecken muss, sondern einfach nur die reifen Früchte pflücken kann. Eine Frucht wie die andere.
Niemand erlaubte ihr damals, eine Linkshänderin zu sein.
Die linke Hand wurde beim Essen und Malen auf den Rücken gebunden.
Nur einer durchbrach dieses Gefängnis:
Es ist der Opa, der ihr eine Sense, so erzählt sie lachend, »falsch herum« dengelt, eben so, dass sie sie als Linkshänderin benutzen und ihren ganz eigenen Beitrag leisten kann.

Ohren auf Durchzug

Die ist für mich gestorben.
Ellen, 35 Jahre alt, Briefträgerin, nach einer Enttäuschung über eine Kollegin bei einem kurzen Espresso in unserem Garten

Gib dich nie auf, lass nicht deine Träume hängen.
Wenn nur Freudenglocken klängen, fiel das Schöne nicht mehr auf.
Lass für heut die Suche sein, morgen wirst du Freunde finden,
dich am frohen Mut betrinken. Morgen wirst du Sieger sein.
Christoph Engelsberger

Er steht am Fenster.
Blickt starr hinaus.
Sie weiß nicht, was ihn dort draußen so interessiert.
Sie ist aufgewühlt.
Rote Augen, fahrige Hände, unruhiger Blick.

»Aber versteh doch«, sagt sie, »so geht das nicht weiter. Ich brauche – ich brauche Verlässlichkeit. Ich muss wissen, dass mit der anderen Schluss ist. Dann kann ich wieder anfangen. Aber ich muss wissen, dass Schluss ist. Martin. Martin! Hörst du mir denn gar nicht zu?«

Er dreht sich weg vom Fenster.
»Hast du eben was gesagt?«

Ohren auf Durchzug. Augen auf Fernsicht. Gefühle auf null.
Die »Einstiegssünde« in menschliche Verweigerung gegenüber Gott und gegenüber dem Mitmenschen sei – so meinen die Alten – die acedia, die »Herzlosigkeit«, oder übersetzen wir es moderner: die Gleichgültigkeit.
Das ist nun gut lutherisch, auch wenn der Begriff »Todsünde« nicht fällt – und auch nicht evangelisch ist.

Das ist ein Grundübel unter Menschen:
sich wegschleichen, sich aus dem Staub machen,
sich nicht einmischen, sich heraushalten,
nichts damit zu tun haben wollen, seine Ruhe haben wollen.
Einer, der kein Herz hat für seine Mitmenschen und für Gott,
das ist ein gleichgültiger Mensch.

Ohne ein Wort. Ohne einen Blick.
Ohren auf Durchzug. Augen auf Fernsicht.
Gefühle auf null. Die Grundkrankheit unserer Zeit.
Die Bildschirme zu Hause werden immer größer, immer breiter.
Und die Ausschnitte unserer Herzen immer kleiner.
Immer enger. Immer ängstlicher.

Ohren auf Durchzug.
Augen auf Fernsicht.
Gefühle auf null.

Es war das Letzte, was Martin Luther geschrieben hat.
Auf einem Zettel schwach dahingeschriebene Gedanken.
Was einer in der Todesstunde schreibt oder sagt, hat ein großes Gewicht. Er meinte – und keiner konnte mehr mit ihm darüber sprechen – er meinte:

wer Vergils Gedichte über den Ackerbau verstehen wolle, müsse erst fünf Jahre Bauer gewesen sein. Den Cicero könne man erst verstehen, wenn man 25 Jahre in der Verantwortung für ein Gemeinwesen gestanden habe. Und die Bibel hätte man erst dann genügend »verschmeckt«, wenn man 100 Jahre mit Aposteln und Propheten die Gemeinde regiert habe.[2]

Diese 100 Jahre waren ihm nicht vergönnt.
Keine 68 wie mir. Nur eben 62.

Zeige mir Gott

Er fragte nach Gott. Sie schweigt.
Er fragte, ob sie etwas spüre. Sie schweigt.
Er meint: »Dann kommen wir wohl nicht zusammen.«
Sie: »Du hast nichts verstanden.«
Ivana, 13 Jahre alt, Tochter einer Lehrerin

Gott sprach zu Mose: Ich werde sein, der ich sein werde.
Und sprach: So sollst du zu den Israeliten sagen:
»Ich werde sein«, der hat mich zu euch gesandt.
2 Mose 3,14

Zeige mir Gott, sagte ich zum Vogel,
und der Vogel führte mich zu seinem Nest.

Zeige mir Gott, sagte ich zum Bach,
und der Bach führte mich zu seiner Quelle.

Zeige mir Gott, sagte ich zur Wolke,
und die Wolke führte mich ans Meer.

Zeige mir Gott, sagte ich zum Licht,
und das Licht führte mich ins tiefste Dunkel.

Ich ging zu einem Weisen und sagte:
Ich kenne das Nest, die Quelle, das Meer und die Nacht.
Nun zeige mir Gott.

Der Weise betrachtete mich lange und sagte dann:
»Dein linker Schnürsenkel ist offen.«

Keine offene Rechnung

Die Furcht rechnet mit Strafe. Wer sich aber fürchtet,
der ist nicht vollkommen in der Liebe.
1 Johannes 4,18

Eben mit dem Maß, mit dem ihr messt,
wird man euch wieder messen.
Lukas 6,38

Rechnen wir, dann bleibt immer irgendeine Rechnung offen.
Dann haben wir auch keine Ohren,
wenn Gott zu uns sagt:
»Komm, jetzt setz dich doch hin.
Jetzt setz dich doch hin. Es ist gut so.
Jetzt lass dich doch auch einmal bedienen.«

Es ist eigenartig: Wir tun gerne etwas Gutes.
Doch: Keiner will sich bedienen lassen.

Man gibt eine Menge aus der Hand,
wenn man Erwartungen abgibt.

Ist jeder von uns ehrlich,
dann bleibt keine Rechnung offen.
Vielleicht, dass dann doch Ehrlichkeit
Wunden vermeidet, Narben pflegt
und Schwächen korrigiert?

Der Kern unseres Glaubens:
Ich kann tatsächlich alles aus der Hand geben,
und es geht trotzdem gut.
Besser noch: Nur so geht es gut,
meint Jesus.

Jahreszeiten, Lebenszeiten

Was ist Zeit?
Glatt in meinen Händen.
Flüchtig unter meinen Füßen.
Ein Rätsel meinem Verstand
und eine Last meiner Seele.

Gott, was ist Zeit?
Balsam für meine Wunden.
Wiege für meine Träume.
Nahrung meinen Vorbehalten.
Weite meinen Ängsten.

Gott, was ist Zeit?
Was frage ich.
Wenn es nur deine ist,
dann ist sie nicht verloren und vertan.
Dann schnürt sie nicht meine Kehle.
Dann ist sie die Bühne,
auf der ich mich vergesse
und tanze nach deinem Lied.

Jahreszeiten

Geht ihr hinauf zum Fest!
Ich will nicht hinaufgehen zu diesem Fest,
denn meine Zeit ist noch nicht erfüllt.
Johannes 7,8

Ein jegliches hat seine Zeit,
und alles Vorhaben unter dem Himmel hat seine Stunde:
geboren werden hat seine Zeit,
sterben hat seine Zeit;
pflanzen hat seine Zeit,
ausreißen, was gepflanzt ist,
hat seine Zeit.
Prediger 3,1-2

Du gibst meiner Zeit den Sinn.
Im Frühling lässt du mich blühen.
Im Sommer lässt du mich feiern.
Im Herbst lässt du mich reifen.
Im Winter lässt du mich ruhen.

Wenn du es bist,
der mir Zeit gibt,
dann ist nicht der Winter in mir.
Dann blühst
und reifst du neu in mir.
Du hast Zeit.

Neuer Tag

Ich bin in den Weltraum geflogen.
Aber Gott habe ich dort nicht gesehen.
Dem Kosmonauten Juri Gagarin, der am 12. April 1961 als erster Mensch die Erde umkreiste, von der Propaganda in den Mund gelegt.

Am ersten Tag deutete jeder auf sein Land. Am dritten oder vierten Tag zeigte jeder auf seinen Kontinent. Ab dem fünften Tag achteten wir auch nicht mehr auf die Kontinente. Wir sahen nur noch die Erde als den einen, ganzen Planeten.
Sultan Ben Salman Al Saud [3]

An jedem Morgen grüßt uns dein Licht.
Du schenkst uns einen neuen Tag.

Die Nacht ist vergangen.
Schenke deiner Welt ein Aufatmen,
tröste die Elenden, stärke die Schwachen,
sende uns aufrecht in den Tag.
Schenke uns Phantasie für neue Wege,
Kraft gegen Hindernisse, Liebe gegen Zweifel,
Mut gegen Unrecht, Weite gegen Sturheit,
Fülle gegen Grenzen.

Dein Glanz weitet unseren Blick.
Dann verlieren sich
die Grenzen zwischen gestern und morgen.
zwischen mein und dein,
zwischen schwierig und leicht.
Dann ist nur noch heute.
Da bist du, Gott,
und dein Weg mit uns an diesem Tag.

Nachtigall

Mama, mach bitte das Fenster zu. Mich nervt das!
Julian, 11 Jahre alt, morgens um 4 Uhr

Darüber sitzen die Vögel des Himmels
und singen unter den Zweigen.
Psalm 104,12

Seit Wochen singt eine Nachtigall
mit einer nicht durch Regen,
nicht durch Gewitter,
nicht durch Kälte
zu erschütternden Stetigkeit
ihr wunderschönes Lied
in den Gärten unserer Orte.

Sie beginnt um etliches vor Mitternacht.
Ich höre sie, wenn ich in der Stille der Nacht aufwache.
Sie singt, wenn ich es richtig verfolgt habe,
bis zum Morgengrauen.
Jede Nacht.
Sechs, sieben, acht Stunden singt sie
ihr wunderschönes Loblied auf den Schöpfer.

Sie begleitet den schlaflosen Kranken durch die Nacht.
Sie singt für fiebernde Kinder.
Natürlich auch für die Verliebten.
Auch für die »Spätheimkehrer«.

Und weil alles um sie schweigt,
erhält diese einzelne Stimme
einen weiten Raum zum Lob.

Frühling – Ermutigung zum Aufbruch

Es lässt Weisheit fließen wie der Pischon
und wie der Tigris im Frühling;
es lässt Verstand überströmen wie der Euphrat
und wie der Jordan in der Ernte.
Sirach 24,34-36

Wir gehen über Ostern in die Alpen. Die Ski-Kanonen machen das.
Sonst wäre uns Ostern verdorben.
Barbara und Jochen, beide Mitte 50

Frühling, das ist die Zeit, in der das Unfertige Freude macht. Es gibt Zeiten, da ängstigt das Unfertige. Kurz vor Entscheidungen, vor Festtagen, vor Prüfungen ängstigt das Unfertige. Im Frühling macht das Unfertige Freude. Die Blüten sind die unfertige Frucht. Oder ist es gar anders: Die Früchte sind die unfertigen Blüten? Beides gehört zur Fülle.
Die Fülle des Lebens riechen und sehen wir an der Blüte, schmecken sie an der Frucht. Und dazwischen liegt bald ein halbes Jahr.

Im Frühling macht das Unfertige Freude. Das kleine Kind mit seinen ersten Lauten, seinem ersten Lächeln, seinen ersten eigenen Schritten, seinen ersten Zähnen, seinem ersten Geburtstag, seinem ersten gemalten Bild, seiner ersten Nacht ohne Windeln, seinen ersten Freunden, seinem ersten Kindergartentag, seinem ersten Schultag, seiner ersten Fahrt auf dem Fahrrad, seiner ersten Nacht ohne Beisein der Eltern, seinem ersten Diktat, seinem ersten Zeugnis, seiner ersten Prüfung, seiner ersten Frage nach Gott und seiner ersten Frage nach dem Tod.

Was immer kommt, es ist ein Neues. Was immer ist, es ist noch nicht verfestigt, verkrustet. Das macht den Frühling so kostbar und macht ihn zu einer so gefährdeten Zeit.

Frühling ist die Zeit der »Äußerung«. Kinder – wenn sie gesund sind – springen auf wie Knospen.
Die Erfahrenen bremsen, was aufspringen will zu einem endlosen, glücklich-taumelnden Tag. Die Erfahrenen warnen vor falschen Freunden. Doch der Frühling lebt von der Illusion. Der Frühling ist der frühe Morgen, an dem der Mensch erwacht, erwachend die schönsten Träume träumt. Die Traumforschung sagt uns: Der frühe Tag, der Frühling des Lebens ist die Zeit der »schönen« Träume. Es ist, als ob vor dem Erwachen und mit dem Erwachen der Mensch seine unschuldig-paradiesische Herkunft feierte. Umso schlimmer, wenn dieser schöne, für ein gelingendes Leben so wichtige Traum gestört oder zerstört wird.

Erinnerung spielt im Frühling noch kaum eine Rolle. Was erfahren wird, wird nicht als »Erfahrung« bewusst wahrgenommen. Kinder und junge Menschen springen, sie müssen springen dürfen. Kurze Trauer, kurze Fragen. Was uns lebenswichtig erscheint, ist für sie rasch erledigt. Sie können Zeit noch nicht so einordnen, wie wir es tun. Das macht den Frühling so kostbar und macht ihn zu einer so gefährdeten Zeit.
Der Erfahrene weiß, dass der Frühling noch kalte Nächte kennt, dass Hagel und Schloßen eben aufgebrochene Blüten brechen, die Welt der Erwachsenen Kinder überrollen kann auf Straßen und noch mehr im Geviert der zarten, naiven Seele.
Der Frühling empfängt gierig und ist sich des Empfangens nicht bewusst. Dankt nicht, weil der Frühling aus dem Schlaf der Unschuld erwacht. Woher sollte er wissen, dass er zu danken hat? Der Frühling lebt vom Spiel. Und dies mit allen Sinnen.

Es ist die Zeit des Aufbruchs. Junge Menschen müssen das »Losgelassen-Werden« erstreiten. Müssen aufbrechen, und erfahren im ersten Aufbrechen auch die ersten Abschiede. Die Fülle bekommt erste Schatten, so wie die Magnolienblüten braune Flecken bekommen von einer kalten Aprilnacht. Am Ende des Frühlings sind die Wege klarer, aber auch begrenzter.

Das Eis über den Knospen ist aufgebrochen. Die Knospen selbst sind aufgebrochen, Blütenblätter drängen sich mit unstillbarer Neugier ans Licht. Jede Jahreszeit hat ihr eigenes Gepräge, ihre eigene Not, ihr eigenes Glück. Der erste Blütenzweig kündigt den Frühling an. Das Ende der Kälte und Stagnation. Das Wunder des Aufbruchs und das Staunen, wie vieles sich doch über den Winter gerettet hat. Apfel-, Kirsch- und Pfirsichblüte, die großen Kelche der Magnolien und die kleinen Gänseblümchen, alle lagen sie unter Schnee und Eis, hatten keine Hoffnung auf neues Leben für den Ungeduldigen und Unkundigen.

Die Not des Frühlings ist es, zurücklassen zu müssen, was den Winter doch nicht überlebte. Die Blätter des Vergangenen decken den Boden, die vertrockneten Gräser, die verdorrten Äste, die erfrorenen Zweige.

Das Glück des Frühlings ist es, wie neugeboren leben zu dürfen. »Wie Neugeborene«. Wie neugeboren, das heißt nicht, dass ich nun im Paradies aufgewacht bin.

Neugeboren sein heißt in Christus sein.
Zerrissen sein in diesem einen Leib Christi
zwischen dem Glück des einen
und dem Unglück des anderen.
Diese Welt und ihre Zeit für vorläufig erklären,
ohne sie zu verlassen.

Sommerwunsch

Ich brauche ein Top und einen neuen Bikini.
Wenn nicht, bleibe ich daheim.
K., 15 Jahre alt, zur Mutter, die in Urlaubsprospekten blättert

An dem Feigenbaum lernt ein Gleichnis:
Wenn seine Zweige jetzt saftig werden und Blätter treiben,
so wisst ihr, dass der Sommer nahe ist.
Matthäus 24,32

Ich wünschte endlich einen weiten Sommer,
mit Festen für das Auge und das Ohr,
mit Abenden und Nächten unter Sternen.
Ich wünschte endlich einen weiten Sommer.
Es war zu lange, dass ich wartend fror.

Ich bin sie leid, die müden, kalten Nächte,
das frühe Dunkel und den leichten Wein,
die schweren Lieder, das Sinnieren in die Fernen.
Ich bin sie leid, die müden, kalten Nächte,
will nur noch Kiesel in der Sonne sein.

Ich höre Lieder, kann sie noch nicht deuten.
Ich höre Klänge, ahne weiten Raum.
Tanz zwischen Sirius und den Laternen.
Ich höre Lieder, kann sie noch nicht deuten.
Ach, auch ein langer Sommer reicht mir kaum.

Sommer – Einladung zum Tanz
Die Zeit der Freude über die Weite

Wie Schnee zum Sommer und Regen zur Ernte,
so reimt sich Ehre zum Toren.
Sprüche 26,1

»Kino oder Freibad?« – »Wer kommt?«
»Astrid.« – »Also Freibad.«
Dialog nach dem Gottesdienst unter Konfirmanden

Sommer ist »fette Zeit«, singt Konstantin Wecker. Was der Frühling verspricht, breitet und weitet der Sommer aus: Licht, Wärme, Gewitter, lange Tage, kurze Nächte, Musik und Tanz, lange »draußen« bleiben, reisen wollen. »Das Weite suchen«, die »Sommerfrische«.

Das ist die größte Zeit im Jahr. Die teuerste Zeit auch.
Ein Wunder jagt das andere. Unsere Seele kann kaum folgen. Die Fülle der Farben erschlägt. Die Fülle der Gefühle zerreißt die Seele. Die Fülle der Töne sprengt die Gehörfähigkeit des Ohrs. Der Gaumen kapituliert. Die Augen möchten nicht schlafen. Es ist Zeit der Fülle:
Die Blumenbeete. Die Wiesen.
Die Wolken. Der weite sommerliche Nachthimmel.

Im Sommer pflanze ich nichts mehr oder nur wenig. Wege sind eingeschlagen, die Richtung ist gefunden. Wehe dem, der im Sommer bemerkt, dass er den falschen Weg gewählt hat. Sommer, das ist leidenschaftliche Liebe, »heiße« Liebe. Sommer ist die Zeit, in der wir Kinder zeugen und gebären (Gedanken, Erfindungen, Bücher, Gärten, Häuser sind in diesem Sinn auch »Kinder«).

Menschen im Sommer suchen das Meer und die Berge.
Warum? Sie wollen sich entfernen vom »Normalen«, suchen in jeder Weise die Weite, die Tiefe, das Wesentliche. Nirgends sonst meldet sich das Wesentliche so breit zu Wort wie im Sommer. Eine Mischung aus Heiterkeit und Kloster. Ein Bündel aus Rosmarin und Brennnessel.
Sie wollen »hoch hinaus« und suchen mit Recht den Überblick. Sie wollen »tief hinein« und suchen mit Recht den Einblick. Sie suchen das Stetige, möchten bleiben und studieren das Einswerden.

Tanz, Hingebung und Ekstase sind uns fremd geworden. Wir kontrollieren unsere Bewegungen, prüfen unsere Beziehungen, fallen nicht aus dem Rahmen.
Der Sommer sprengt jede Erfahrung, spottet jedem Wissen, lädt ein zu Spiel und Tanz.
Das kann man nicht einstudieren, verhindern oder wollen. Das kommt, wie es zu kommen hat. Wie eben die Liebe nicht zu planen ist, ebenso wenig wie der Einschlag des Blitzes und das Thema einer Symphonie.

Das Glück des Sommers ist der Übermut, das Bad in der Sonne, die Weite.
Insekten, Vögel, Blätter und Gräser, Wolken und Blüten scheinen in ihrer Fülle zu tanzen. Schier unbegrenzt die Farbenpracht und Bewegungsvielfalt. Alle Sinne sind wach, die Zeit steht still, das Leben hält Hof.

Die Not des Sommers ist es, die Grenzen zu spüren angesichts der Fülle. Wohl trifft die kluge Ameise in dieser Zeit Vorsorge für den Winter, während die Grille tanzt, singt und spielt. Doch der wird hart, neidisch und verhärmt, der keine Sommerzeit zulässt in seinem Leben, der den Tag nicht vor dem Abend lobt und selbst angesichts von Lilie und Nachtigall Gott nicht traut.

Letzte Sommernacht

Durchzug einer Regenfront.
Am Abend aufgelockerte Bewölkung.
Temperaturen unter 10 Grad.
Wetterbericht

Am Abend hülle ich meine Bitten in einen Schlafsack.
Ein Rucksackwanderer im Schwarzwald, 2014

noch einmal
die sanfte Dunkelheit des Abends herbeisehnen
noch einmal

tief einatmen
Lavendelblau, Kiefergrün tagmüde Gräser

noch einmal
der Milchstraße folgen, nach Norden staunen

noch einmal
sorgen um schlaftrunkene Schwalben, heimkehrende Falter

noch einmal
die Liebe mit Händen greifen, die Gnade der Nacht verstehen

bald lastet das Dunkel
welken die Gräser
verhangen der Himmel, nebelfeucht Nest, Turm und Weite

und dann
ist es Zeit
die Fülle zu teilen mit Sommerhänden

Herbst – Heiterkeit eines Heimwegs. Die Zeit der Freude über das Loslassen

Die Blätter fallen ...
sie fallen mit verneinender Gebärde.
Rainer Marika Rilke

... und dann
ist es Zeit,
die Fülle zu teilen
mit Sommerhänden.
Gerhard Engelsberger

Ich sitze am Tisch und schaue in unseren Garten. Ein mäßiger Südwestwind spielt mit den Blättern der großen Weide. Zarte, schmale, braungrüne, gelbrote Blätter wie Lanzenspitzen.

Als ob das Blatt einen Frühling und Sommer lang nur darauf gewartet hätte, fallen zu dürfen. Eben, als ich schaue, löst es sich vom Zweig. Nimmt Abschied von einem langen Sommer. Nimmt Abschied vom Zweig, der es über Platzregen, Gewitterstürme und Mittagshitze trug.
Es fällt in einer großen Schönheit und Zartheit. Dreht, zwirbelt und wirbelt, zeigt sich von allen Seiten, in allen Farben. Dann fällt es sacht neben der Sternmagnolie zu Boden. Ich kann die letzten zwei Meter nicht mehr mit den Blicken verfolgen. Doch hat sich mir diese Leichtigkeit und Freude eingeprägt.
Später gehe ich zur Weide. Da liegen Tausende kleiner, schmaler, vielfarbiger Blätter. Sie waren vorher nicht zu unterscheiden. Sie sind jetzt wieder nicht mehr zu unterscheiden. Doch das Fallen jedes einzelnen war sein Fallen. Diese Sekunden des

Fluges machten aus dem Blatt in der Masse ein einzelnes Blatt. Höhepunkt seiner Geschichte. So jedenfalls schien es mir, als ich im Herbst Zeuge war.

Seit Menschengedenken sind wir, wenn wir leben, unterwegs auf dem Heimweg. Mag dieses Bild in Liedern verkitscht und nicht weniger religiös missbraucht sein – es teilt dieses Geschick mit anderen Begriffen wie Liebe, Gott, Himmel oder Freiheit. Menschen »auf dem Heimweg« bewegen sich anders als Menschen, die in die Fremde aufbrechen.

Wer auf dem Heimweg ist, kennt wenigstens einigermaßen die Richtung, kann sich an Bildern, Gerüchen, Geräuschen, Empfindungen, an der Sprache und an bekannten Gesten orientieren. Auch wenn er sich an der einen oder anderen Kreuzung irrt, die »Himmelsrichtung« stimmt einigermaßen. Er wird seinen Weg finden, auch auf Umwegen.

Es ist ein Wunder, ein Geschenk, wenn zwei den gleichen Heimweg haben.
Das Bild des Heimwegs hat noch eine Lücke, oder ich sage besser, es fehlt ihm noch der Hintergrund. Alles Loslassen, Auf-den-Weg-Machen, Unterwegs-Sein muss einen Grund haben.

Das Loslassen, zu dem uns der Herbst in spielerischer Laune einlädt, ist das Loslassen angesichts des Heimwegs. Auf dem Heimweg werden die Schritte aufrechter, die Bewegungen freier, die Geräusche und Gerüche vertrauter. Ich kann aufatmen selbst bei kleineren Kreisen.

Herbst – die ersten Freunde sind gestorben, viele Namen vergessen. Die ersten Biographien – kurze Sätze – sind in Stein gehauen. Langer, kalter Regen geht drüber.
Auch Rilke sieht die Blätter fallen, etwas anders als ich.

»Die Blätter fallen, fallen wie von weit,
als welkten in den Himmeln ferne Gärten;
sie fallen mit verneinender Gebärde.«[4]

Abfallen ist nicht Abfall.
Abfallen ist Suche nach neuer Heimat, glücklicher Abschied von der alten.
Am Zweig gefesselt, würde das Blatt von Sturm und Wind zerfetzt, verlöre die Farben, wäre nicht bei seinesgleichen. Wäre nicht auf dem Heimweg. Ein Brot, das sich weigerte, gegessen zu werden. Ein Wein, der sich weigerte, getrunken zu werden.

Im Herbst seines Lebens hat der Mensch den Auftrag, sich auf den Heimweg zu machen. Dort, zu Hause, auf dem heiteren Heimweg erwarten ihn noch einmal die Fülle der Farben, alte Tänze und neue Lieder, wesentliche Fragen der Jungen, Fragen, die man einem Lotsen stellt, einem Bergführer, einem Weisen.

Die Sonnentage im Herbst erzählen vom Glück, auch von gelingender Liebe in jeder Zeit unseres Lebens.
Die ersten Blätter fallen. Fallen sie innen? Fallen sie außen? Fallen sie deshalb, damit der Stamm, der über den Sommer wohl die ganze Last trug, aber kaum sichtbar war, nun endlich auch zu seiner Sonne kommt? Wir sagen nicht ohne Grund, dass ein Baum »sich lichtet«. Ein lichter Baum ist ein ehrlicher Baum. Der Herbst ist eine herrliche, eine ehrliche, eine große Zeit.

Das Glück des Herbstes ist das Loslassen-Dürfen auf dem Heimweg. Auf dem Heimweg gibt man gerne Beschwerliches ab.
Die Not des Herbstes ist, dass er meist zu früh kommt. Noch ist nicht alles geerntet, noch ist nicht alles bestellt. Die Not des Herbstes ist es, dass wir noch so sehr am Sommer hängen und ihm nachtrauern.

»… und dann
ist es Zeit,
die Fülle zu teilen
mit Sommerhänden«

Herbstzeit lädt ein zur Melancholie.
Ist vertan, was fällt? War unnütz, was nun abgeschnitten und gebündelt darauf wartet, abgeholt zu werden? Ist es vertan, wenn das Kind sich im Spiel vergisst? Ist es vertan, wenn der Adler fünf statt zweier Kreise zieht und die Luft unter den Flügeln genießt? Ist es vertan, wenn der Liebende liebt ohne Blick auf die Uhr? Ist es vertan, wenn ich den Wecker abstelle, den Traum weiterträume bis zum guten Ende?
Das Glück des Herbstes ist das Staunen über fröhliches und gelingendes Loslassen.
Die Not des Herbstes ist die Sorge vor der Zeit, in der dir einer in die Arme greift, wegnimmt noch vor der Zeit.

Keine Freude war zu viel, die ich einem anderen bereitet habe. Kein Brief war zu kurz, auch wenn ich ihn nicht abschickte. Kein Lächeln war zu lang, auch wenn es auf Mauern stieß. Kein Lied, das ich zehnmal sang, kein Gedicht, das ich tagelang in mir trug, kein liebes Wort, auch wenn es keiner hörte. Nichts war vertan, nichts ist vertan, denn Gott hat mir alles geschenkt. Ich mache mich heiter auf den Heimweg.

Schnee (für Christoph)

Sie fürchtet für die Ihren nicht den Schnee;
denn ihr ganzes Haus hat wollene Kleider.
Sprüche 31,21

Was hab' ich nicht heute an Schweiß aufgebracht,
dass nur einer ein gutes Wort zu mir sagt.
Und wie oft wurde ich angelacht! Schlaf gut, gute Nacht.
Christoph Engelsberger

Ein lichter Zauber liegt auf jedem Blatt.
Ein Körnchen Wahrheit liegt auf jeder Seele,
dass sie sich nicht auch noch im Dunkeln quäle,
wo doch das Leben so viel Qualen hat
und wenig Licht.

Ein schmaler Himmel tropft in jedes Herz.
Ist munter und treibt wortreich dicke Blüten.
Ist Balsam jetzt nach vieler Herbste Wüten
und wehrt bei Ostwind jedem heißen Schmerz
und windet sich.

Ein purer Frieden schneit auf jedes Haus.
Nach warmen Nächten endlich nun der Morgen.
Nach wirren Träumen und nach satten Sorgen
muss doch das Warten ledig sein und aus.
Ich friere nicht.

Winter – Einladung zur Geduld. Die Freude über ein warmes Zuhause

Wenn wir aber auf das hoffen, was wir nicht sehen,
so warten wir darauf in Geduld.
Römer 8,25

Beeile dich, dass du vor dem Winter kommst.
2 Timotheus 4,21

Wir werden von Jahr zu Jahr anspruchsloser.
Von Jahreszeit zu Jahreszeit werden wir weniger überschwänglich. Die Freude des Winters ist den Alten suspekt. Schneekälte, Eisboden, Eisregen, Heizkosten – und wer holt mir das Holz?

Nun, im Winter, muss sich erweisen, ob das Eingeübte trägt. Nun müssen auch Kundigere Wege für mich gehen.
Winter ist anders als andere Jahreszeiten unseres Lebens. Du gehörst nicht mehr dazu, auch wenn sie dich feiern. Winter nimmt Abschied von den Farben, von den Geräuschen und Gerüchen, von der Liebe und vom Streit.

Lass die Feiern geduldig über dich ergehen. Sie meinen es gut. Wenn sie gegangen sind, sammle die Blumen und Bücher und kümmere dich wieder um das Wesentliche. Du wirst deinem Schöpfer gegenübertreten.
Fern oder nah: Du wirst gefragt werden. Was hat dich gefreut? Worauf bist du stolz? Was hat dir gutgetan?
Verzichte auf die Liste mit den Klagen. Stampfe die Beschwerdebriefe ein. Was anders hätte sein können, ist nicht anders gewesen. Es war so, wie du es erlebt hast. Es war deines, ganz unauslöschlich deines.

Du siehst von Ferne vielleicht neue Ehepartner und Ehepartnerinnen deiner Kinder, bangst um die Stunden mit den Enkeln, fragst nach den Nachbarn und der Ferienvertretung des Hausarztes.

Danach kommt bis an die Grenze aller Zeit noch einmal dieses Kommen und Gehen, Blühen und Fallen, Werden und Lassen. Du hast es einmal durchlebt.
Nun stelle dich ein auf eine Zeit ohne Zeit.
Stelle dich ein darauf, dass du nicht mehr bestimmst, was gut ist. Stelle dich darauf ein, dass dein Buch noch lange nicht weggelegt wird. Nun eigentlich beginnt die göttliche Fürsorge.

Das Glück des Winters ist das dankbare Schweigen, das Staunen über all das Gute, was die Frühlingsgewitter, die Sommerhitze und die Herbststürme nun doch überlebt hat und unter der Decke neue Keime treibt.
Die Not des Winters ist das Wissen, dass es wohl winterharte Pflanzen gibt, aber auch Jahresstauden, die schöner und prächtiger blühen, aber am Ende des Jahres verloren sind.
Das Glück des Winters ist der Gewinn über alle Zeit hinaus. Die Not ist der endgültige Verlust meiner Pracht.

Sei geduldig mit deinen Gaben. Sei geduldig mit deinen Grenzen. Sei geduldig mit dir und du wirst geduldig mit den anderen.
Die Natur »vergisst«, indem sie »einverleibt«, »verinnerlicht«. Was war, zerfällt. Manches so rasch wie ein Blatt oder eine Blüte, anderes so lange wie ein Stein. Am Ende wird alles einverleibt, verinnerlicht.
Wird Grundlage neuen Lebens. So auch bei dir und mir.

Die schönste Nacht der Rose

Da haben die Dornen Rosen getragen. Kyrie eleison.
Als das Kindlein durch den Wald getragen,
da haben die Dornen Rosen getragen.
Wallfahrtslied um 1850

Er kam in sein Eigentum;
und die Seinen nahmen ihn nicht auf.
Johannes 1,11

»Oh, tut das noch weh!«, sagte der Zweig neben mir. Schluchzen und Schweigen. Kleine Tränen tropften von seiner Wunde auf den Boden. Ein harter Boden. Wie überhaupt das Leben hart war. Hinter uns dieser Berg aus Steinen. Aufgehäuft. Steine, die man in der Erde fand. Die störten das Wachstum der Weinstöcke. Das war ihm wichtig. Die Weinstöcke und der Verdienst. Und wir?

Der Zweig neben mir war wieder verstummt. Er würde nie mehr so sein. Vielleicht ein neuer Trieb. Vielleicht braun nach dem Winter. Wisst ihr, wir fürchten uns vor den Schnitten der Menschen. Sie töten uns mit einem einzigen Schnitt. Aus Liebe, sagen sie.

Wenn nur der Rest des Zweiges neben mir aufhören würde zu weinen. Dann könnte ich besser erzählen. Man muss wirklich vorsichtig sein, heute. Sie sind schnell mit dem Messer und flink mit der Schere. Ein Dorn zu viel oder etwas schräg gewachsen oder ein wilder Trieb. Furchtbar muss sie das treffen. Und deshalb schneiden sie uns. Schnell und glatt. Das haben sie gelernt. Auch die Messer sind besser als früher. Es geht einfach alles schneller. Aber das ändert nichts.

Ja, ich weiß, ich komme ins Plaudern. Das ist nicht gut. Ich hab' nicht viel Zeit.
Jedenfalls war es in jener Nacht wie ein Wunder. Damit ich zum Thema komme. Menschen, Menschen, Menschen. Wie soll ich einfache Rose unterscheiden. Mann, Weib, Greis oder Kind – sie schneiden uns alle, töten uns alle, biegen uns grad, düngen und kreuzen, versetzen und stechen. Jedenfalls irgendwas machen sie immer. Und wenn sie fertig sind, sind wir tot und sie stolz. Sie nennen das veredeln. Vielleicht haben sie recht. Aber wir sehen das anders.

Jedenfalls war es in dieser Nacht wie ein Wunder. Nicht nur, dass da ein Riesenklotz von Stern am Himmel hing. Fast so, als wolle er die Nacht zum Tag machen. Nicht nur, dass da Menschengetrampel und Menschengerede auf und ab gingen den ganzen Tag. Unsere Schwestern, die Gräser, schrien um Erbarmen, doch keiner hörte sie. Und – Gott sei's gedankt – wurde es doch Abend. Trotz der Helligkeit des Sterns. Und trotz dieses wichtigen Durcheinanders.

Da geschah es. Und nur, weil es geschah oder besser: nicht geschah, kann ich überhaupt noch erzählen. Da kamen fünf Menschen, weiß ich's, ob Mann, ob Frau, ob Kind, ob Greis. Sie waren aufgeregt. Sie rochen aufgeregt. Sehr müde und abgespannt. So riecht keiner aus der Stadt. Wohin die jetzt noch gehen?, dachte ich bei mir und erschrak, als einer den anderen fragte: Und wenn die Engel recht haben? Und wenn der Erlöser kommt in dieser Nacht? Und wenn wir ihn da drin finden – was können wir ihm schenken? Was bringen wir ihm mit? Und ein anderer sagte: Nichts hab' ich. Nichts hab' ich, wenn der Erlöser kommt und die Engel recht haben. Nichts hab' ich. Schneid' mir wenigstens die Rose da drüben ab.

Da drüben die Rose.
Kennt ihr das Gefühl? So kurz vor dem Schnitt, wenn du den

Menschen schon riechst, das Metall schon ahnst, so kurz vor dem Entsichern der Gartenschere? Kurz davor der Schweißausbruch, den keiner sieht. Ihr redet von Duft. O je. Ihr habt nie eine Rose gerochen, ungeschnitten, in Freiheit. Zwischen Bruderzweig und Schwesterzweig. Zwischen Erde und Himmel.

Doch es kam alles anders. Nicht so, wie meine Zweigväter und -mütter erzählten. Nicht kurz und kalt und schnell und dann die wenigen Tränen, Tropfen auf Stein und Boden, und das braune Absterben.

Schneid' mir wenigstens die Rose da drüben ab!
Ich weiß, das bin ich. Mitten in der Nacht. Ohne diesen Stern hätten sie mich nicht einmal gesehen.
Ach nein, höre ich eine Stimme. Du hast immer noch nicht begriffen, sagt da Mensch zu Mensch. Willst du Gott beschenken mit einer Rose aus seinem Garten? Willst du wirklich Gott beschenken mit einer Rose, die er wachsen ließ in seinem Garten?

Und dann wurden die Schritte leichter und die Stimmen leiser.

Eine Rose aus seinem Garten, dachte ich.
Wessen Garten?
Es muss ein wundervoller Mensch sein, um dessentwillen man die Rosen schont. Es muss etwas Großartiges sein. Ich versteh' das nicht. Ich weiß nur: Mich hat keiner geschnitten in dieser Nacht. Sonst könnte ich nicht erzählen.

Es muss ein wundervoller Mensch sein, um dessentwillen man die Rosen schont.

Berggeschichte

Und lass niemand mit dir hinaufsteigen;
es soll auch niemand gesehen werden auf dem ganzen Berge.
Auch kein Schaf und Rind lass weiden gegen diesen Berg hin.
2 Mose 34,3

Als nun der HERR herniedergekommen war auf den Berg Sinai,
oben auf seinen Gipfel, berief er Mose hinauf auf den Gipfel des Berges
und Mose stieg hinauf.
2 Mose 19,20

Bei den Arapaho-Indianern geben die Alten als ihre Lebenserfahrung an die Jungen ein Bild weiter, das Bild von den vier Bergen.

Der Reihe nach – so erzählen sie – kommt der Mensch zu diesen Bergen: Kindheit, Jugend, Erwachsensein, Alter.
Hinter dem letzten Abstieg wartet die jenseitige Welt.

Jeder dieser Berge ist steil. Jeder hat seine eigenen Herausforderungen und Gefahren.
Aber bist du einmal oben, dann hast du eine Zeit lang einen ebenen Weg zu gehen.

Auf jedem Berg machst du neu die Erfahrung von Weite.

Der Abstieg fällt schwer,
Man muss hinuntergehen,
damit man dann vom Tal aus
den nächsten Berg
wieder besteigen kann.

Abendgebet

Bleibe bei uns; denn es will Abend werden
und der Tag hat sich geneigt.
Lukas 24,29

Am Freitagabend nehme ich 20 mg Valium
und schlafe durch bis Sonntagmittag.
Catharina, 44 Jahre, Büroangestellte

Ein Tag atmet aus.
Nun, guter Gott,
lass mich die Hände in den Schoß legen.
Nimm die Pläne aus meinen Händen.
Lass mich die Hände öffnen.
Nimm jede Absicht aus meinem Sinn.

Du hast dich aufgemacht von deiner heiligen Stätte.
Nichts Wesentlicheres kann mir geschehen.
Ich bin eins mit dir.
Bin einverstanden,
dass du mich nimmst
und in deinen Schoß legst,
als ob ich dein Liebstes wäre.

Du bist gekommen.
Ich bin still.
Du bleibst.
Dein Name ist »Der mich birgt«
und dein Schatten wärmt die Nacht.

Kinder und Narren

Kinder und Narren
sagen die Wahrheit.
Alte und Weise
sprechen aus Erfahrung.

Wem soll ich glauben?

Ich gehe meinen Weg.
Oder ich bleibe.
Oder ich träume.

... und morgen ist
ein neuer Tag.

Für euch

Er wird keine Kinder haben und keine Enkel unter seinem Volk;
es wird ihm keiner übrig bleiben in seinen Wohnungen.
Hiob 18,19

Und Hiob lebte danach hundertundvierzig Jahre
und sah Kinder und Kindeskinder bis in das vierte Glied.
Hiob 42,16

Für euch nicht alles,
aber das Zögern des Ostwinds,
die Tränen der Mütter,
die Schwielen der Arbeiter
und die Träume,
die vielen Träume,
dass sie euch nicht in Ruhe lassen mögen,

morgen,
wenn es an euch ist,
die Welt zu verändern
und die Menschen
zu lieben.

Vielleicht in Gottes Namen.
Vielleicht.
Vielleicht, dass ihr
dem »Vielleicht«
die Schwere nehmt.

Morgen.
Wenn wir
schweigen.

Versuche eines Testaments: Betet weiter, als ihr denkt.

Gott, du kennst meine Torheit,
und meine Schuld ist dir nicht verborgen.
Psalm 69,6

Herr, du bist unsre Zuflucht für und für.
Psalm 90,1

Ich denke immer in Sprüngen. War vielleicht anderen deshalb voraus, hinkte anderen hinterher. Ich bin schon auf den mir bevorstehenden Sprung über die Grenze vorbereitet. Das bringt das Leben eines Pfarrers so mit sich. Wir reden (selbst-)verständlich auch über die Grenze, die uns einst trennt.

Mein – vorläufiges – Testament:

Denkt Gott weiter.
Legt die kleinen Karos weg.
Löscht die Grenzen auf euren Landkarten.
Wir können es echt besser.

Wir leben und denken in zu kleinen Karos.
Ich versuche das mit den größeren Karos jede Nacht und jeden Morgen beim Gebet. Es gelingt mir nicht immer.

Ich wollte – wenn ich dürfte – Grenzen verwischen, Religionen veredeln, Erinnerungen schätzen – vor allem Menschen lieben. Erst dann – wenn ihr dies Kribbeln im Bauch spürt – aus Liebe oder aus Angst, auf der Bühne oder am Altar, vor dem Mikro oder in den Augen, gegenüber einem Menschen, der euch echt wichtig ist, oder im »Studio« –, dann ist es gut. Echt. Glaubt mir. Gebt diese Erfahrung nicht weg. Macht sie nicht klein.

Viele geben weg, bevor sie gesehen haben. Und rechnen ab, bevor sie gezählt habe. Die meisten machen auf cool. Aber das »Kribbeln im Bauch« nimmt dir keiner. Sei es aus Liebe – oder weil du spürst, dass du ein Mensch bist – und kein Konstrukt. Oder wenn dich jemand anschaut – wie mich vor Jahrzehnten Simone angeschaut hat.

Redet nicht, wo Schweigen heilen könnte.
Träumt nicht, wo euer Tun gebraucht wird.
Habt ein Gespür für Recht und Unrecht.
Geht nicht, wenn euer Bleiben heilt.
Überlegt gut, wem ihr traut.
Und bleibt nahe bei dem Mann aus Nazareth.

Das wäre sozusagen mein »Testament« bei einem meiner alten Geburtstage.
Ich weiß, ich habe wie immer zu viel geschrieben. Ich weiß nicht, ob mir noch – und wenn ja, wie viele – andere Tage und Jahre geschenkt sind. Ich wollte nur meine Seele von dem frei machen, was sich zwischenzeitlich auf sie gelegt hat.

Wenn ihr so alt seid wie ich, und die Welt gesehen und einigermaßen verstanden habt, werdet ihr ein solches »Testament« verstehen. Gebt zur passenden Zeit meine fossilen Gedanken weiter an eure Kinder. Das wünschte ich mir. Ich war ihr Opa. Vielleicht erinnern sie sich. Vielleicht nicht.

Es ist schade, dass es von meinem Großvater und mir nur wenige Bilder gibt. Er war einer meiner großen Lieben. Ich habe keinen Brief, keine CD, kein Video, nur wenige Bilder. Aber er war mein »Großvater«.

Liebe kennt keine Jahreszeiten.
Liebe ist immer heute, jetzt – und hoffentlich morgen.
Und dann: auf ein Neues!

Es bleibt wenig:

Habt eure Mutter und Großmutter lieb.

Tragt keinem etwas nach.

Seid offen für Antworten.

Fragt immer nach. Zu vieles wird falsch verstanden.

Traut der Bibel.

Bleibt in eurer Liebe ehrlich.

Habt eine offene Tür und offene Hände.

Bleibt beieinander.

Habt eure Kinder und Geschwister lieb.

Habt euch selber lieb.

Tragt – in eurem bescheidenen Maß – dazu bei,
Leben zu erhalten.

Auf Umwegen seid freundlich zu Nachbarn.
Sie teilen euren Weg.

Träumt, sucht, bastelt – und wenn nötig, stört die Störenden.

Versucht, anzukommen.

Und denkt gelegentlich auch an mich.
Ich war einer eurer ersten Liebhaber.

Wenn man euch segnet, seid dankbar.

Wenn ihr müde seid, sucht einen ehrlichen Schoß.

Gott macht uns zum Narren

... euer Lachen verkehre sich in Weinen
und eure Freude in Traurigkeit.
Jakobus 4,9

Aus einem traurigen Arsch
kommt kein fröhlicher Furz.
Martin Luther

Narren spielen den Menschen auf,
damit sie etwas zu lachen haben.
Wahren Narren gelingt es, dass man über sie lacht,
dabei gesundet, und am Ende fragt, woher nehmen die ihre Heiterkeit?
Nach dieser Quelle suchen nicht nur Zirkusbesucher.
Viele suchen nach dieser anderen Welt der »spirituellen Heiterkeit«.

Der derzeitige Dalai Lama ist attraktiv schon wegen seines befreienden Lachens. Der derzeitige Papst Franziskus ist im Gegensatz zu Kardinal Ratzinger ein fröhlicher, doch angesichts der Not der Menschen engagierter Repräsentant der katholischen Kirche.
Martin Luther war zumindest für die, denen seine Frau Katharina den Mittagstisch deckte, ein fröhlicher Esser und Erzähler. Zoten inbegriffen.

Jedes Kind will einmal in den Zirkus, diese ganz andere Welt erleben.
Was erst, wenn diese andere Welt keine wunderschöne Traumlandschaft für ein Zweistundenprogramm, sondern die Wirklichkeit unseres Lebens wird?

Gott hat sich
so die Bibel
in Jesus Christus für uns zum Narren gemacht,
damit wir uns aufrichten, leben, freuen können.
Es gibt nur einen, der unter dem Kreuz
laut und falsch und zu früh gelacht hat,
das war der Teufel, die Sünde, der Tod.

Wenn Gott sich zum Narren macht, zum Knecht,
dann sollten wir uns für die gleiche Rolle nicht zu schade sein.

Wir sind Zeugen einer heilen Welt.
Wir sind Zeugen des siebten Schöpfungstages.
Wir sind Osterzeugen und lachen gegen den Tod.
Wir sind Zeugen des Reiches Gottes.
Wir sind Zeugen vergebener Schuld.
Wir sind Zeugen des überwundenen Todes.
Spaß muss sein.
Ohne Fröhlichkeit keine Ewigkeit.
Es sei denn ewiger Ernst.
Und der ist nicht heil,
ist kein Balsam auf wunde Seelen
und taugt nicht für übermorgen.

Dafür stehen wir als Kirche.
Das ist der Geist des Vater unser.
Das ist Leben aus dem Gebet.
Das ist Zeugnis aus dem Heiligen Geist.
Das ist Heiterkeit aus unendlicher Quelle.
Das ist ein Fest.

Was steckt hinter den Dingen? – Findelkinder

Ein Ochse kennt seinen Herrn und ein Esel die Krippe seines Herrn;
aber Israel kennt's nicht, und mein Volk versteht's nicht.
Jesaja 1,3

Und der Engel des Herrn trat zu ihnen,
und die Klarheit des Herrn leuchtete um sie;
und sie fürchteten sich sehr.
Lukas 2,9

Was steckt hinter den Dingen?
Das fragt ein kleiner Junge,
der Muscheln ebenso untersucht wie Fliegen,
der einer matt gewordenen Biene ein Zuckerstück reicht
und dem Nachbarjungen die bessere Note neidet.

Keiner unter uns ist ohne Schatten.
Jeder von uns wäre gerne im Licht.
Bei den wenigsten reicht es zum Licht. Und das nur auf Zeit.
Bei wenigen Menschen bleibt nur Schatten.

Wir alle, fast alle,
sind ein Leben lang auf der Suche nach Licht
und tappen gelegentlich kräftig und mühsam im Dunkeln.

Die Einsicht in die Wucht, die hinter jedem »Ding«,
am Grund jedes Lebens wirkt, bleibt ein Geschenk.

Auf Geschenke musst du warten.
Wie auf die Liebe deines Lebens.
Wie auf den Segen.

Ohne Menschen,
die mir – gegen den eigenen Willen –
die Augen geöffnet,
die Ohren geputzt
und mein Herz geweitet haben, wäre ich heute nicht der,
der ich bin.

Meine Geschichte, deine Geschichte,
ist die gegenwärtige Summe so vieler Geschichten.

Was steckt hinter den Dingen?

Unzählig viele Stunden.
Eine Unzahl von Bedenken,
Gedanken und Gebeten.
Eine Klarheit, die alle Erklärungen verwirft.
Eine Liebe, die alle Schwüre zurechtstutzt.
Eine Sehnsucht, die alle Träume entgrenzt.
Eine Kraft, an der wir wachsen.
Ein Vertrauen in einfachste Klarheit.

Morgen noch werden wir fragen.
Morgen noch werden wir zweifeln.
Morgen noch suchen wir Zeugen.
Morgen noch möchten wir glauben.
Und eines Tages wird man uns finden.
Findelkinder Gottes.

Auf Augenhöhe.
Vorläufig.
Bis wir sehen.

Wer bin ich?

Und er sprach: Ich hörte dich im Garten und fürchtete mich;
denn ich bin nackt, darum versteckte ich mich.
1 Mose 3,10

Unter dem großen Haufen bemerkt er mich nicht;
was bin ich gegen die ganze große Welt?
Sirach 16,16

Zu vielen Tausenden hatten sie auf Plakate, weiße Betttücher oder auf Pflastersteine geschrieben: »Je suis Charlie.« Ich bin Charlie.

Von Anfang an hatte ich ein mulmiges Gefühl. Die Auflage der Satirezeitschrift entsprach nicht im Mindesten den Parolen. Dann sah ich Merkel und Hollande untergehakt. Sah links Netanyahu und – hinter drei oder vier anderen Potentaten – rechts Abbas. Das war im Januar 2015. Ich kannte »Charlie« bis dahin nicht.

Wenn einer sagt: »Ich bin ...«, dann hat das eine biblische Dimension. Wer das Neue Testament gelesen hat, assoziiert sofort die sieben »Ich-bin-Worte« Jesu im Johannesevangelium. Doch das Ganze hat jüdische Quellen:
»Mein Vater war ein Aramäer, dem Umkommen nahe, und zog hinab nach Ägypten und war dort ein Fremdling mit wenig Leuten und wurde dort ein großes, starkes und zahlreiches Volk.« (5 Mose 26,5)
Daneben so viele »Ich bin«-Worte aus der jüdischen Bibel. Worte von Abraham, von Mose, von Josua, von den Propheten. Sie haben sich gestellt, haben sich nicht medienwirksam – oder doch? – untergehakt. Hatten keine Fernsehminuten. Wurden ins Licht gestellt. Hatten nicht die Leuchten der Medien. Nur

das Licht der erzählenden Worte. Vielleicht auch die eigenen überlieferten Worte.
Was meint ein Mensch der Bibel, wenn er »ich bin« sagt?
Ich bin einer wie du.
Ich bin einer unter vielen anderen.
Ich bin ein Bild für den Menschen.
Ich bin ein Bild für Gott.
Ich stehe ein.
Ich warte.
Ich bin ein Christ.
Ich glaube an Jesus, von Gott gesandt.
Ich bin ein Jude.
Ich warte auf den Messias.
Ich bin ein Moslem. Ich glaube an den einzigen Gott? Man traut sich ja als Muslim, seinen Glauben nur noch im Ensemble der Moscheenbesucher zu bekennen.

Ich bin gerne einer, der »ich« sagt und schreibt.
Aber ich bin nicht Charlie.
Ich bin allerdings auch einer, der gerne lacht.
Ich bin einer, der sich für das Recht eines anderen einsetzt, zu schreiben, was ihm wichtig ist. Ich traue der Vielfalt. Eine inhaltliche Zensur ist mir fremd. Ich sehe mich heute im norddeutschen Raum, morgen im Süden und übermorgen im Osten auf der Kanzel. Drei so unterschiedliche Predigtorte wie die Kanzeln selbst. Sie sind mir – wie die Altäre – heilige Orte.

Ich bin eher Jakob als Ismael. Bin keiner, den man verorten kann. Bin keiner, den man aufgrund seiner Hautfarbe erkennt. Eher aufgrund seines Bekenntnisses. Aber auch das hat seine Farben.
Ich bin in viele Länder gereist. Kenne den Islam von Reisen in zahlreiche islamische Länder.
Ich habe mich in einer Autobahnmoschee zwischen Kairo und Alexandria mit Gamal niedergekniet und in großer Ruhe ge-

betet. Ich habe nicht nur beim Fastenbrechen die Moschee in Wiesloch besucht, hatte dort meine Ecke neben einer Säule, betete wie die anderen Richtung Osten – das Vater unser, den Psalm 23 und viele persönliche Gebete. In unserer Wohnung hängt ein geknüpftes Bild aus Mekka, das mir einer der vielen Hodschas mitgebracht hat und zu meiner Verabschiedung als Gemeindepfarrer überreichte.
Ein anderer Hodscha hat mir ein Säckchen mit Steinen, die man in Mina auf den Teufel wirft, von seinem Hadsch mitgebracht.

Mein »ich« kann ich mit Erfahrungen belegen, mit Wunden – von Narbe zu Narbe, das häuft sich mit den Jahren – beweisen und gelegentlich auch mit Bildern belegen.

Aber ich stehe jeden Tag auf mit Fragen und gehe in den Schlaf mit Gebeten.
Ich werde mich im Mai wie im Januar und Februar fragen lassen: Wer bist du?
Werde bei Gott anklopfen und Schlange stehen.
Muss keinen Ausweis vorzeigen.
Darf einfach der sein, der ich geworden bin.
Was ist das für ein Reichtum!

Ich muss nicht Charlie sein. Ich darf echt sagen: Ich bin ...
Und dann bleiben.
Oder gehen.
Oder mich unterhaken bei Fremden.
Oder träumen vom Frieden.
Oder mit den Enkeln spielen.
Oder die Tür hinter mir schließen.
Oder die Glocken läuten.

Engel aus der Nachbarschaft

Brüder und Helfer sind gut in der Not,
aber mehr als beide rettet Almosengeben.
Sirach 40,24

Und der Engel des HERRN kam zum zweiten Mal wieder
und rührte ihn an und sprach: Steh auf und iss!
Denn du hast einen weiten Weg vor dir.
1 Könige 19,7

Engel gab es nur in Kinderliedern
und auf dem Schlafzimmerbild der Eltern.

Doch dann,
wir spielten auf der Straße,
eine Sackgasse
– drei Häuser rechts, drei Häuser links
und unten der Kohlenschuppen
unseres Bäckers, danach ein Kanal –
wir spielten Suchen und Verstecken.
Es war die Zeit, in der die Pflaumen reiften.

Die Mütter saßen auf einem
langgezogenen Stein, strickten, erzählten.
Ich versteckte mich hinter dem Rücken meiner Mutter.
Und verschluckte eine Pflaume,
die sich vor die Luftröhre legte.
Nach kurzer Zeit tödlich.

Ich war vielleicht sieben Jahre alt,
rannte, ein Geringes nach Luft schnappend,
immer weniger, Richtung Arzt.
Dort wäre ich nie angekommen.

Man trug mich ins Haus.
Meine Mutter schrie.
Mein Vater betete das Vater unser.

Dann kam von gegenüber die Nachbarin.

Sie rief: »Stellt ihn auf den Kopf!«
Und die Pflaume fiel aus meinem erstickenden Rachen.
Nun lebe ich.
Weil mich ein Engel
aus der Nachbarschaft
auf den Kopf gestellt hat.

Dem Segen eine Feier geben

Lege ein zartes Band um meine Sätze.
Binde einen losen Knoten um meine Versuche.
Befreie mich von der Fessel
des richtigen Wortes.
Du verstehst.

Streue ein Lächeln in meine Hast.
Gib eine leichte Melodie zu meinen Proben.
Und wirf die Bruchstücke meiner Gebete
in den Zauber deiner Himmel.

Du liebst.
Das bleibt.
Du segnest.
Gott.

Das Lächeln von gegenüber

Weh euch Pharisäern!
Denn ihr sitzt gern obenan in den Synagogen
und wollt gegrüßt sein auf dem Markt.
Lukas 11,43

Höre den Armen an,
und antworte ihm freundlich auf seinen Gruß.
Sirach 4,8

Ein Lächeln von der gegenüberliegenden Straßenseite hat sich mir eingeprägt, ist mir unter die Haut gegangen, unter meine Rinde, wie der Schnitt eines Obstgärtners, der einen neuen Zweig einpfropft.

Ich sah eine junge Frau auf der gegenüberliegenden Straßenseite still in sich hineinlachen.
Es war im Februar in Eberbach (Odenwald) in der Nähe vom Bahnhof.
In der Erinnerung ist sie »nur« jung.
Warum ich mich daran so genau erinnere?
Das Lächeln ist 20 Jahre her. Kaum zu glauben.
Ich weiß nichts von ihr. Kenne keinen Namen, keine Geschichte.
Ich weiß nicht mehr die Kleidung oder die Haarfarbe.
Weiß überhaupt nichts von ihr.
Ich habe ihr so ganz eigenes Lachen aufgeschrieben.
Damals.

Und doch ist das selbstvergessene, unkontrollierte Lächeln dieser Frau immer noch eingebrannt in die Erinnerung eines viel älteren Mannes, den sie nicht einmal wahrgenommen hat. Auch mein eigenes Lächeln hat sie nicht wahrgenommen. Für mich war es ein glücklicher Moment. Vielleicht sind solche

»glücklichen Momente« meist nur noch Kindern eigen. Erwachsene kontrollieren in der Regel ihr Gesicht. Setzen hier ein Lächeln, dort ein ernstes Gesicht auf, da ein nachdenkliches, dort ein bestätigendes.

Sie, dort drüben auf der anderen Straßenseite, wusste sich unbeobachtet. Und schenkte sich, ihrer Erinnerung und mir ein wunderbares Lächeln.

Ich gebe zu, es geschieht sehr selten. Und meist sind es Frauen. Aber wie auch immer, es tut gut, Menschen lachen oder lächeln oder gar strahlen zu sehen, ohne dass gerade einer einen Witz gemacht hat.

Wie oft begegnen wir einem in sich ruhenden, in sich vergnügten Menschen, unbeobachteten Menschen, der auch noch selbstvergessen lächelt?
Irgendwo zwischen letztem Schluck Kaffee und erstem Ampelstopp blicken wir jeden Morgen, jeden Abend in unzählige Gesichter. Hunderte, Tausende dieser Begegnungen mit entgegenkommenden Passanten, auf Bahnhöfen, an der Ampel, eine kurze, wortlose Begegnung mit denen, deren Nähe oder Ablehnung du spürst auf Zebrastreifen und Rolltreppen. Blicke tauchen in Geschichten. Aber keine Geschichte öffnet sich.

Ich erlebe das häufig: Ich sehe oder höre oder erlebe den Beginn einer Geschichte, der ich mich öffnen möchte.
Da lacht ein Mensch still in sich hinein. Ich möchte die Straßenseite wechseln, ihn umarmen, den Schatz entdecken, der ihn so strahlen lässt. Aber die Rolltreppe ist gnadenlos. Das Grün der Ampel ist zu kurz.
Da verliert ein Mensch – halb unterdrückt – eine Träne. Ich möchte ihn in die Arme nehmen, doch der Bus fährt ab, die S-Bahn schließt die Türen.
Sie sind Millionen von Menschen begegnet.

Auf der Bank. Im Urlaub. In der Bahn. Im Flieger. Am Strand. Beim Einkaufen. Im Gottesdienst. Beim Konzert. Im Schwimmbad. Auf dem Amt. Im Krankenhaus. Auf der Straße. Beim Check-in. Auf der Hütte in den Bergen. In der Kneipe um die Ecke. Im Stadion. Bei der Demo. Am Würstchenstand. Beim Griechen. Beim Italiener. Beim Sport. Im Wartezimmer beim Arzt. Bei einer Taufe. Auf dem Spielplatz. Vor der Schule. Im Bus.
Es sind Millionen.
Und einige bleiben in Erinnerung.
Einige wenige.
Ist das nicht schade?
Von Millionen Begegnungen können Sie – die Verwandten und Freunde ausgenommen – maximal 20 näher beschreiben? Rechnen Sie nach.

Was geben wir weg, wenn wir nicht die Straßenseite wechseln? Es sind viele Leben, die wir so weggeben. Ungeöffnete Geschichten.

Ich weiß, der Gedanke ist verrückt. Und doch würde ich gelegentlich gerne den Augenblick auf dem Zebrastreifen oder beim Einkauf einfrieren. Würde gerne für gut eine Viertelstunde die Zeit anhalten auf der Straße oder beim Sport. Und austauschen, was den einen zum Strahlen bringt oder zum Lächeln, den Zweiten zur versteinerten Miene und die Dritte zum leisen Weinen.
Ich bin mir sicher: Wir täten uns gegenseitig gut.

Drei Pagoden und andere heilige Orte

Das Boot ist voll!
Pegida-Plakat

Euer Land ist verwüstet, eure Städte sind mit Feuer verbrannt;
Fremde verzehren eure Äcker vor euren Augen;
alles ist verwüstet wie beim Untergang Sodoms.
Jesaja 1,7

Wahrscheinlich habe ich in mehr Ländern als mancher Moslem Moscheen besucht und dort gebetet. Ägypten, China, bei den Uiguren, in Usbekistan, natürlich auch in Deutschland und einigen Ländern mehr. Ich habe in Tibet gebetet und in Nepal, in Peru und am Mekong. Mir war bisher die al-Azhar-Moschee in Kairo der »schönste« heilige Ort. Nur im Süden Chinas, bei den »Drei-Pagoden« habe ich eine ähnliche Ehrfurcht gespürt, die wesentlich ist für den Frieden.

Nun gehe oder fliege ich nicht mehr so weite Wege.
Die Sehnsucht nach dem Frieden der Religionen bleibt, auch die Kritik an der eigenen, der Vorbehalt für jede eigene Gewalt und die Gewalt anderer. Und die Liebe zu jedem Menschen.

Es war zwischen Kairo und Alexandria. Auf der Autobahn machten wir gegen Mittag eine kurze Rast. Die Raststätte verfügte über ein akzeptables WC und einen Verkaufsladen für Süßigkeiten, Getränke und Landkarten.
Ich ging etwas abseits. Folgte Gamal, unserem Reisebegleiter. Ein eher nachdenklicher Mensch, Mitte zwanzig, nicht vorschnell in seinen Worten, für einen »Guide« ganz unüblich. Vielleicht gerade deshalb mir besonders sympathisch.

Da war ein Schuppen. Niedrige Tür, durch einen Vorhang abgedeckt. Innen eher dunkel. Ich bückte mich und trat ein. Der Boden mit Teppichen bedeckt. Auf einem der Teppiche kniete Gamal und betete sein Mittagsgebet. Ich kniete mich zwei Teppiche rechts von ihm. Am Rand der Autobahn zwischen Kairo und Alexandria. Ein Vater unser. Ein 23. Psalm. Der Beginn einer Sure. Die Anrufung des einen Gottes und seines Propheten.

Wir beteten in verschiedenen Sprachen.

Ein Jahr später besucht er unsere Familie.
Ich zeige ihm unsere Kirche.
Er war mit mir auch dort zuhause.
Die Moschee liegt 500 m entfernt.
Auch dort war ich zuhause.
Wo sollte ein Suchender nicht zuhause sein?

Ich bete in Synagogen, Moscheen und buddhistischen Tempeln.
Ich danke meinen muslimischen und buddhistischen Freunden für lange Jahre des gemeinsamen Denkens, auch wenn uns die Religionen, die Orte und die Jahre unterscheiden.
Mir war noch nie ein »heiliger Ort« fremd.
Wir gehen langsamer, sprechen leiser.
Der Ort, an dem ein Mensch betet, ist ein heiliger Ort.
Der Ort, an dem ein Mensch stirbt, ist ein heiliger Ort.
Ein heiliger Ort entschleunigt. Sorgt für Ruhe und klärt.

Es wird einmal auch unser Ort sein.
Wir kommen und wir gehen. Wir bleiben nicht lange.
Uns sind Grenzen gesetzt. Jeder hat sein Maß.
Mit unserem Gebet und unserer Zärtlichkeit greifen wir über die Grenzen hinaus. Wir sehen, wir ahnen einen Zipfel Wahrheit. Daraus schöpfen wir Kraft.

Ich möchte wie ein Brunnen sein

Die Großen schicken ihre Leute nach Wasser;
aber wenn sie zum Brunnen kommen,
finden sie kein Wasser und bringen ihre Gefäße leer zurück.
Sie sind traurig und betrübt und verhüllen ihre Häupter.
Jeremia 14,3

Denn der HERR, dein Gott, führt dich in ein gutes Land,
ein Land, darin Bäche und Brunnen und Seen sind,
die an den Bergen und in den Auen fließen.
5 Mose 8,7

Ich möchte wie ein Brunnen sein,
tausend Meter tief,
mit Wasser, frisch und kalt und rein,
meinetwegen schief,
doch köstlich für jeden, der trinkt.
Ich möchte gern ein Danklied sein,
tausend Strophen lang,
und sind die Töne auch nicht rein,
kein perfekter Klang,
doch fröhlich für jeden, der singt.

Ich schöpfe Wasser aus tiefen Quellen,
ruhig fließt seit Zeiten die Kraft,
ich tränke dürre, trockene Erde mit Tau,
mit brunnentiefer, ewig neuer Kraft.

Ich möchte eine Wiese sein,
tausend Meter lang,
mit Blumen, farbig, groß und klein,
wild, am Bach entlang,
doch offen für jeden, der träumt.

Ich möchte gern ein Fenster sein
oder eine Tür,
weit geht der Blick für den, der sucht,
reicht von mir zu dir,
und keiner, der etwas versäumt.

Ich schöpfe Wasser aus tiefen Quellen,
ruhig fließt seit Zeiten die Kraft,
ich tränke dürre, trockene Erde mit Tau,
mit brunnentiefer, ewig neuer Kraft.

Keine Fragen mehr

Ich kann kein Konzert mehr besuchen.
Ich ertrage nicht einmal das Spiel meiner Enkel.
Martin, 67 Jahre alt, Tinnitius-Patient

In dem Jahr, als der König Usija starb, sah ich den Herrn sitzen auf einem hohen und erhabenen Thron, und sein Saum füllte den Tempel. Serafim standen über ihm; ein jeder hatte sechs Flügel: Mit zweien deckten sie ihr Antlitz, mit zweien deckten sie ihre Füße und mit zweien flogen sie. Und einer rief zum andern und sprach: Heilig, heilig, heilig ist der HERR Zebaoth, alle Lande sind seiner Ehre voll! Und die Schwellen bebten von der Stimme ihres Rufens und das Haus ward voll Rauch. Da sprach ich: Weh mir, ich vergehe!
Jesaja 6,1-5

Gott ist zu mir unterwegs.
Heilen will er mich.

Das ist nach meiner Erfahrung nur in Klängen möglich, die »Dissonanzen« aufheben. Da bleibt eigentlich nicht mehr, als dass ich ja sage.
Menschen, denen es geschenkt ist, Musik machen zu dürfen, sind deshalb einen Schritt weiter. Immer wieder »durchklingt«, »durchheilt« sie dieses Glücksgefühl.

Ich habe hin und wieder gespürt,
wie es ist,
wenn es mir vor Freude die Sprache verschlägt
und der Klang mich erfüllt.

Dann bin ich ganz in Gott.
Und Gott ist ganz in mir.
Für Momente nur.

Mehr ist uns in dieser ersten Zeit des Lebens nicht gegeben.
Muss auch nicht.

Es gibt Momente, da habe ich keine Fragen mehr.
Nicht, weil alles gelingt.
Nicht, weil ich es geschafft habe.
Ich denke auch nicht nach, ob Gott verantwortlich ist
für das Gelingen.
Frage auch nicht, ob ich hätte besser sein können.
Ich habe keine Fragen mehr.

Freude am Leben

Ich kann nicht mehr.
Ich bin leer,
ohne Lebensfreude, alle Energie ist verbraucht.
Kathi, Mutter von drei Kindern, allein erziehend, 33 Jahre alt

Zeige deinen Knechten deine Werke
und deine Herrlichkeit ihren Kindern.
Psalm 90,16

Es war Abend. Ich kam aus der Innenstadt.
Ging am Spielplatz vorbei.

Auf meinem Hinweg tummelten sich dort Kinder und Eltern.
Jetzt war der Spielplatz leer.

Auf der großen Schaukel saß ein Mann,
vielleicht 28, 30 Jahre alt, und schaukelte.

Und ich schaute auf das Schild:
»Für Kinder bis zu 12 Jahren«,
wollte anhalten und etwas sagen.
Da sah ich sein Gesicht.

Der junge Mann strahlte. Pure Lebensfreude.
Schaukelte immer höher, vollkommen versunken in dieses Spiel.

Ich habe ihn nicht gestört.
Das war gut so.
Für einige Minuten war da ein sorgloser Mensch
und hatte auf einfachste Weise
Freude am Leben.

Du hast jeden Raum mit Sonne geflutet

Noch heute frage ich mich, ob er echt mein Vater ist. Oder nur ...
Manuela, 13 Jahre alt

Ich will dich zum großen Volk machen
und will dich segnen und dir einen großen Namen machen,
und du sollst ein Segen sein.
1 Mose 12,2

Ob man das von einem Menschen singen kann? Aber ja. Ich könnte es von meinem Vater singen, von anderen, die mir nah und wichtig sind. Ob es Ihnen auch so geht, dass Sie wie Herbert Grönemeyer einen Menschen kennen, über den man sagen kann: »Du hast jeden Raum mit Sonne geflutet«[5]?

Dann verstehen Sie, was Segen ist.
Segen ist zärtlich und mild.
Das traut Gott uns zu.
Dass wir Räume mit Sonne fluten.
Dass wir Wunden mit Balsam decken.
Dass wir Tränen mit Liebe trocknen.
Dass wir Verwundete auf Händen tragen.
Dass wir Träume zum Leben bringen.
Dass wir vergeben.
Dass wir lieben.
Dass wir lieben wie Jesus.
Das wir aufbrechen wie Abraham.
Dass wir Müden eine Liegestatt schenken.
Dass wir Geheimnisse wahren.
Dass wir Waffen meiden wie die Pest.
Und dass wir mächtig werden gegen Gewalt.

Und Mauern gegen Unrecht bauen.
Doch der Zärtlichkeit öffnen wir das Tor
und der Gerechtigkeit die Tür.

Das alles traut Gott uns zu.
Dem alten Abram und der unfruchtbaren Sarai.
Deiner Mutter, deinem Vater. Dir. Mir.

»Du hast jeden Raum mit Sonne geflutet.«
Das ist Segen. Segen ist zärtlich und mild.
Segen ist mehr als ein Gefühl, mehr als ein Teppich, mehr als ein Reim, mehr als ein schönes Lied.

Segen ist mächtig.
Mich haben die Zahlen überwältigt.
Ich habe gerechnet.
Ich bin das einzige Kind meiner Eltern.
Ich habe Vater und Mutter.
Das geht jedem so. Jeder hat Vater und Mutter.
Zwei Menschen vor ihm,
verantwortlich dafür, dass er, dass sie lebt.

Ich habe nicht nur Vater und Mutter.
Ich habe zwei Großväter und zwei Großmütter.
Ich habe vier Urgroßmütter und vier Urgroßväter.
Jeder hat vier Urgroßväter und Urgroßmütter.
Das sind acht Menschen zu den vier Großeltern und den zwei Eltern und zu dir.
Schon vierzehn Menschen vor uns, die ganz direkt dafür verantwortlich sind, dass wir sind.

Nun habe ich weitergerechnet. Nach zehn Generationen sind es 1.032 Menschen vor mir, die alle mit mir ganz direkt zu tun haben. Gäbe es einen nicht, gäbe es mich nicht.
1.032 Menschen.

Noch weiter habe ich gerechnet. Nach 20 Generationen sind das 1 Million 448 Tausend und 576 Menschen. 20 Generationen. Jetzt sind wir im Jahrhundert der Reformation. Ich bin 1.000 Jahre zurückgegangen. Mittelalter. Bernhard von Clairvaux, Kreuzzüge. Ich musste mit dem Taschenrechner rechnen.

Und muss, so rät mir ein Freund, natürlich Abstriche machen. Gab es doch (nicht nur in früheren Jahrhunderten) Cousinen, Cousins, Verwandte zweiten Grades, die geheiratet haben. Und doch:
Schaue ich auf alle die, die vor mir waren, ohne die ich nicht geworden wäre: Nach noch einmal tausend Jahren stehen hinter mir bei allen Abstrichen in der Rechnung Milliarden von Menschen.
Unvorstellbar, wie sich meine kleine Geschichte weitet hinein in die Menschheitsgeschichte.
Milliarden von Menschen. Wenn nur einer, eine fehlte, wäre ich nicht.

Alle müssen sie wirklich gelebt haben und dürfen nicht jung gestorben sein, sonst gäbe es mich nicht.

Nimm sie mit ihrem Elend, deine Vorfahren, die Pest, die Kriege, die Fluchten, die Ängste, den Hunger, die Arbeit, nimm das alles und werde bescheiden.

Kein Wort aus deinem Mund, wäre einer auf die Seite getreten und hätte sich verweigert. Kein Schlag deines Herzens, hätte eine aufgegeben beim Kampf ums Überleben.

Tritt zurück. Die Zahl wirst du nicht verstehen. Keiner von uns versteht Milliarden. Das sind Ziffern. Sie leben nicht. Aber tritt zurück und sieh bescheiden auf diese Menschen. Sie haben es meist nicht so gut gehabt wie du. Sie sind meist früher gestorben. Sie haben meist gehungert, geschuftet und keinen Frieden gehabt.

Aber alle, wahrscheinlich alle haben das »Vater unser« gebetet. Haben das Brot geteilt und den Wein getrunken. Haben das Bekenntnis gesprochen und die Felder bestellt. Haben Kinder bekommen, unsere frühen Geschwister – wir kennen sie nicht. Haben Träume geträumt und Fehler gemacht – wie du und ich. Waren zärtlich, waren glücklich auf Zeit.
Haben verwundet, wie du und ich.
Ihnen wurde von Priestern und Pfarrern Vergebung zugesprochen, wie dir.

Zwei von den vielen – wie Sand am Meer, wie Sterne am Himmel – zwei von den unzählbar vielen waren Abram und Sarai. Waren ein alter Mann und seine unfruchtbare Frau, über die jeder lachte.
So elend hat das angefangen.
Und das nennt die Bibel »Segen«. Aus elendem Anfang wird ein großes Volk. Die haben damals nicht mit dem Taschenrechner gerechnet. Aber sie haben verstanden: Gottes Segen ist mächtig. Vor uns. Nach uns.

Ein großes Volk.
Sand am Meer.
Sterne am Himmel.
Vor mir Milliarden Menschen, von denen ich direkt abstamme.
Deren Erbgut ich in mir trage.
Die nichts ahnten von mir, und die doch Vater und Mutter wurden von Kindern, die Vater und Mutter wurden, die Vater und Mutter wurden bis zu mir.
Ein großes Volk.
Sand am Meer.
Sterne am Himmel.
Segen.

Das Geheimnis der Mitte

Ihr seid aufgeblasen und seid nicht vielmehr traurig geworden,
sodass ihr den aus eurer Mitte verstoßen hättet,
der diese Tat begangen hat?
1 Korinther 5,2

Lass dir nicht grauen vor ihnen; denn der HERR,
dein Gott, ist in deiner Mitte, der große und schreckliche Gott.
5 Mose 7,21

Jeder Garten hat eine Mitte.
In der Mitte des Paradiesgartens steht der Baum des Lebens und der Baum der Erkenntnis.
In der Mitte des Stadtgartens im endzeitlichen Jerusalem steht der Thron des Lammes und fließt der Strom des Lebens.
Die Mitte der ägyptischen Gärten und der Gärten des Vorderen Orients bildet der Teich, bei königlichen Palastgärten gar ein ausladender See. Wo ein solcher wegen des zu niedrigen Grundwasserspiegels nicht möglich war, ersetzte zumindest ein Brunnen das fruchtbarkeitspendende Gewässer.

Kreuzgänge in Moscheen und Klöstern – auch mit den Weinstöcken, den Rosengärten und dem Wasser islamischer Heiligtümer – weltweit bilden diese Gärten in meist wunderbarer Architektur, in Kenntnis des Symbolgehalts eines Vierecks und seiner Mitte, oft verbunden mit einem Brunnen, der wiederum auf das Lebenswasser in den biblischen Gärten weist, das Wesentliche, das Geheimnis nach. Ob nun ein Kreuz wie häufig bei den Kreuzgängen, ein Pavillon oder eine Linde mit Rundbank, vielleicht ein Brunnen, ein Stein oder ein Teich, eine bewusst ausgesparte freie Fläche oder ein besonders kunstvoll angelegtes Pflanzenbeet: Der Garten als Symbol des geborgenen Lebens hat eine Mitte.

Der Mensch braucht eine Mitte, um nicht aus dem Lot zu geraten. Eine Gemeinschaft braucht eine Mitte als Orientierung des Miteinanders. Wenn Leib und Seele des Menschen im Garten zur Ruhe kommen sollen, braucht auch der Garten als Ort der Erholung, der Einheit von Natur und Mensch, von Gott und Mensch, von Leib, Geist und Seele eine gestaltende Mitte.

Beschwerlich war die Arbeit eines Gärtners vor zwei oder drei Jahrtausenden. Hinzu kam die geringe Achtung, die man ihm in der gesellschaftlichen Hierarchie entgegenbrachte. Wo von den Mächtigen großartige Totenstädte zeugen, findet sich von den Gärtnern nicht einmal ein bescheidener Grabstein.
Umso erstaunlicher ist die Inschrift auf einem Grabstein, den man in Tunesien fand. Er gibt Zeugnis davon, dass das Elend der Land- und Gartenarbeiter sich änderte, als man das Öl ihrer Olivenbäume in römischer Zeit mehr und mehr zu schätzen begann. Die Inschrift lautet:
»Hier ruht Dion, ein frommer Mann; er lebte 80 Jahre und pflanzte 4.000 Bäume.«[6]

Wohl bauen wir heute unsere Gärten nicht mehr an, um der Nachwelt eindrucksvolle Zeugnisse unseres Lebens zu hinterlassen. Wir legen keine Teiche an, um den Seelen der Verstorbenen alle Voraussetzungen für ein Leben in einem fruchtbaren Jenseits zu ermöglichen. Und doch suchen und finden viele in ihrem Garten die »Mitte«, bringen das Auseinandertreibende ins Lot, pflanzen Bäume und Sträucher, hegen ein umfriedetes Stück Land wie das Erbteil im Gelobten Land, das Gott jedem zugesprochen hat.

Der Garten ist wohl nur »Paradies auf Zeit«, hält aber dennoch dem Entfremdeten jetzt schon die Hoffnung wach auf ein unbedrohtes, bleibendes Erbteil am Leben.

Wir schaffen nicht das Paradies

So ging Kain hinweg von dem Angesicht des HERRN
und wohnte im Lande Nod, jenseits von Eden, gegen Osten.
1 Mose 4,16

Daniel lebt in einem afrikanischen Dorf. Er ist klug und weise.
»Sag mal, Daniel, ob es Gott wohl gibt?« –
»Woran erkennst du, ob nachts ein Leopard
um deine Hütte geschlichen ist?« –
»An den Spuren natürlich.« – »Siehst du«, meint daraufhin
der alte Daniel, »dass es Gott gibt,
erkennst du an den Spuren in deinem Leben.«
Daniel, 59 Jahre alt, Afrika

Wir schaffen nicht das Paradies und nicht sein Reich.
Wir machen weder eigenes noch fremdes Heil,
sosehr die Sehnsucht danach in uns brennt.
Einst wird man uns aber fragen,
welche Zeichen wir auf unserem Weg gepflanzt,
welche Spuren wir hinterlassen haben.

Wohl dem, der ein Lächeln im Gesicht eines Traurigen hinterlassen hat, den stillen Dank in den Augen eines Sterbenden, das Aufatmen eines Verfolgten, die Umkehr eines Verirrten, das Leben eines Insekts und das Lied eines Singvogels, die Ruhe eines Kranken und den Zauber einer tiefen Liebe, die Bewahrung eines Unschuldigen und die Reue eines Täters.

Wohl dem, auf dessen Weg man hin und wieder neben dem Schleier der Unvollkommenheit und Fehlerhaftigkeit Momente des Glanzes entdeckt, mit dem Gott die Welt so reich beschenkt.

Der große Mystiker des 17. Jahrhunderts, Franz von Sales, sagt: »Und da wir nicht wissen, welcher Schritt unser letzter sein wird, so müssen wir, um zuletzt einen guten Schritt zu tun, versuchen, alle anderen gut zu machen.«[7]

Es liegt an dir, ob Menschen in deiner Nähe
Angst bekommen oder aufatmen.
Es liegt an dir, ob deine vielen Gaben
nur dir oder der Gemeinschaft zugutekommen.
Es liegt an dir, ob Menschen ihren Wert entdecken
oder an sich zweifeln.
Es liegt an dir.
Du bist eine Möglichkeit Gottes.
Mach dich nicht selbst klein, das ist feige.
Mach andere nicht klein, das ist tödlich.
Du musst »Die letzte Stufe« nicht gehen.
Jesus Christus ist sie gegangen. Dietrich Bonhoeffer, Martin Luther King, Mahatma Gandhi, Roger Schutz und einige mehr.

Aber deinen Weg solltest du gehen.
Nicht stehen bleiben, feige oder schon in jungen Jahren müde.
Nicht überheblich und kalt.
Es zählt nicht, ob du besser oder schlechter,
mutiger oder ängstlicher,
größer oder kleiner bist.
Am Ende zählt,
ob du echt gewesen bist.
Ob du echt ein Mensch gewesen bist,
ein Kind Gottes, ein Geschenk für die Welt.
Du bist eine Möglichkeit Gottes.
Nütze sie.

Mit dem Herzen reparieren

Erinnere mich daran,
dass das Herz oft gegen den Verstand streikt.
Schicke mir im rechten Augenblick jemanden,
der den Mut hat, die Wahrheit zu sagen.
Ich möchte dich und die anderen immer aussprechen lassen.
Die Wahrheit sagt man sich nicht selbst.

Du weißt, wie sehr wir der Freundschaft bedürfen.
Gib, dass ich diesem schönsten, schwierigsten,
riskantesten und zartesten
Geschäft des Lebens gewachsen bin.

Verleihe mir die nötige Phantasie,
im rechten Augenblick ein Päckchen Güte –
mit oder ohne Worte – an der richtigen Stelle abzugeben.

Mache aus mir einen Menschen,
geformt wie ein Schiff mit Tiefgang.
Ich möchte die erreichen, die »unten« sind.
Bewahre mich vor der Angst,
zu kurz zu kommen.

Mit dem Herzen reparieren

Sie aber schwiegen still.
Und er fasste ihn an und
heilte ihn und ließ ihn gehen.
Lukas 14,4

Da sprachen seine Großen zu ihm:
Man suche unserm Herrn, dem König,
eine Jungfrau, die vor dem König stehe und ihn umsorge
und in seinen Armen schlafe
und unsern Herrn, den König, wärme.
1 Könige 1,2

Er steht neben mir und schwitzt.
Das mit der Gas-Therme für unsere Dusche ist doch schwieriger, als er dachte.
Er ist eigentlich einer, der hinlangt, der nicht auf die Uhr schaut, der sich nicht so schnell unterkriegen lässt.
Er hat eine Geduld wie ein Esel und schafft für zwei.
Während er schraubt und schafft und hämmert und den Fehler sucht, der unseren Gasboiler im Bad so alt aussehen lässt – während er mit Händen und Füßen arbeitet –, beginnt er zu erzählen. Von einem Freund.
Und ich spüre, dass ihm das nachgeht.

»Nach außen sieht es so aus, als sei alles mit ihm in Ordnung. Er sagt selbst, er sei über den Berg. Er würde nichts trinken und hätte keine Probleme damit. Das sei jetzt ausgestanden.«

Er legt den Schraubenzieher weg oder steckt ihn zerstreut in irgendeine Tasche. Er ist in Gedanken ja längst nicht mehr in unserem Bad. Er ist bei einem, den er »Freund« nennt und dem – so sagt er – die Frau davongelaufen ist.

Und das mit 52 Jahren. Da hätten sie es doch eigentlich bald geschafft gehabt! Die Kinder sind aus dem Haus, und das Haus selbst ist fast schuldenfrei. Sagt er. Und wischt sich den Schweiß.

»Ist das richtig?«, fragt er.
»Sie meinen auch, ich sollte noch einmal mit ihm reden?«
»Ja, Sie sollten noch einmal mit ihm reden.« Sage ich.

Er verschwindet wieder unter dem Gasboiler, dreht Schrauben, hämmert, klopft, probiert – es will nicht. Irgendetwas, was er nicht kennt, was er nicht erklären und auch nicht auf die Schnelle beheben kann, klemmt, spielt ihm einen Streich.

Zwei Stunden werden es am Ende sein, die wir auf diese Weise miteinander verbringen.
Ich schaue zu, wie er arbeitet, versuche zu helfen, wo ich kann. Und er schraubt, sucht den Fehler in einem Gewirr von Leitungen, Kabeln, Schaltern, Anschlüssen, Konstruktionen.

Am Ende tut der Boiler doch wieder seinen Dienst, und er weiß nicht, warum. Er geht. Und wird vielleicht doch mit seinem Freund reden. Und weiß vielleicht besser als unsereins, der Predigten schreibt, was Gnade ist.

Es gibt so wenige davon. Und wir haben sie so nötig. Die, die mit dem Herzen reparieren. Man nennt solche Menschen auch »Freunde«.

Gott – in der Mitte

Er gab mir sichere Erkenntnis dessen, was ist,
sodass ich den Bau der Welt begreife und das Wirken der Elemente:
Anfang, Ende und Mitte der Zeiten; wie die Tage zu- und abnehmen;
wie die Jahreszeiten wechseln und wie das Jahr umläuft
und wie die Sterne stehen;
die Natur der Tiere und die Kraft der Raubtiere;
die Macht der Geister und die Gedanken der Menschen;
die Vielfalt der Pflanzen und die Kräfte der Wurzeln.
Weisheit 7,17-20

Und er nahm ein Kind, stellte es mitten unter sie
und herzte es und sprach zu ihnen:
Wer ein solches Kind in meinem Namen aufnimmt,
der nimmt mich auf;
und wer mich aufnimmt, der nimmt nicht mich auf,
sondern den, der mich gesandt hat.
Markus 9,36.37

Kein gutes Zeichen, wenn Kirchen leerer werden.
Uns fehlt der Blick in das Gesicht von Menschen. Wir vermissen ihre Gaben.

Menschen können lachen.
Können erzählen.
Behalten Orte und Daten.
Manche können wunderbar singen.
Manche verstehen was von Architektur, andere vom Geld, Dritte vom Heilen, andere, wie man sich gesund bewegt.

Warum investieren wir für den Körper in Sportstudios eine Menge Geld – und für die Seele ein Minimum?

Wir trainieren den Körper. Gut so.
Wir trainieren den Verstand mit Kreuzworträtseln und Sudoku. Gut so.

Doch: Wo trainieren wir unsere Seele? Das ist evangelischer Glaube: Wir trainierten unsere Seele im Hören und Beherzigen des Wortes Gottes.

Bindung wird lästig.
Der Terminkalender ersetzt das Kirchenjahr.
Die Schicht diktiert den Tag.
Das Kalkül ersetzt das Herz.

Doch: Wo immer du lebst und leben wirst:
Du bist eine Ikone Gottes!
Wenn dir jemand in die Augen schaut,
schaut er in die Augen Gottes.

Wir sind geladene Gäste und Kinder Gottes. Lass dich einladen.
Alles andere ist vorbereitet.
Und wenn du gehst,
dann hat sich deine Sicht geweitet.
Hat sich dein Gespür vertieft.
Und wir alle haben nur gewonnen.
Und Gott, der am Rand sitzt, lacht eine Spur lauter.

Gott sitzt eigentlich immer am Rand.
Und wenn der Rand lacht,
strahlt die Mitte.
Wenn Gott einlädt,
stehst du in der Mitte.
Beherzige das!
Für Gott stehst du
immer in der Mitte.

Tiefe

Wir tief geht die Wurzel der Tanne?
Jona, 5 Jahre

Meine Wurzel reiche zum Wasser hin,
und der Tau bleibe auf meinen Zweigen.
Hiob 29,19

Am Gebet entscheidet sich,
ob unser Glaube die nötige Tiefe hat.
In der Breite ist ja alles da:
große Kirchen, Gottesdienste, Taufen,
Konfirmationen, Feiern, soziale Dienste –
wie ein bunter Luftballonstrauß.

Aber wenn der Halt nicht da ist,
verliert sich alles.

Der Halt,
das habe ich von Architekten, Bauingenieuren
und Statikern gelernt,
liegt in der Tiefe.

Am Gebet entscheidet sich,
ob unser Glaube flach wurzelt,
leicht weggeschwemmt wird
und weder der Schwemme noch der Dürre
gewachsen ist.

Oder ob er
die nötige Tiefe hat.

Bei offenen Grenzen

Verflucht sei, wer seines Nächsten Grenze verrückt!
5 Mose 27,17

Laban aber sprach zu seinen Brüdern: Lest Steine auf!
Und sie nahmen Steine und machten davon einen Haufen
und aßen daselbst auf dem Steinhaufen ...
Da sprach Laban: Der Steinhaufe sei heute Zeuge zwischen mir und dir.
Daher nennt man ihn Gal-Ed.
1 Mose 31,46-48

Christus braucht deine Hand am Bett einer Kranken.
Braucht dein Gebet für Nachbarin oder Nachbar.
Gott braucht deinen Daumen auf der Klingel –
und wenn einer öffnet –
dann braucht Gott deine Frage: Kann ich irgendwie helfen?
Deine Kirche braucht deine Erfahrung.
Du hast Erfahrungen mit dem Glauben.
Du hast Erfahrungen mit den Zweifeln.

Schließlich braucht die Kirche deine Stille.
Nicht dein Schweigen angesichts der Not.
Nicht dein Kuschen vor den Oberen.
Die Kirche braucht dein Schweigen
gegen dein eigenes vorlautes »aber«.

Man nennt uns »Protestanten«.

Wir richten uns auf
bei schlechten Nachrichten,
machen die Arme breit
und öffnen die Hände
bei offenen Grenzen.

Ich habe nichts beigetragen

Und es ging aus von Eden ein Strom, den Garten zu bewässern,
und teilte sich von da in vier Hauptarme.
1 Mose 2,10

Ich habe nah am Wasser gebaut.
Eugen, 64 Jahre alt, krebskrank

Wir machen nicht die Sonne, wir machen nicht die Erde und den Regen. Aber wir können pflegen. Wir können sorgen, dass Luft an die Pflanze kommt und Licht. Wir können dafür sorgen, dass sie nicht in Betonritzen gezwängt oder mit Gewalt aus ihrer Erde gerissen wird. Wir können schützen und – im rechten Maß – düngen.
Wenn ich kübelweise Wasser über ein junges Pflänzchen im Garten schütte oder drei Kilogramm Dünger oder meine Heizsonne danebenstelle und voll aufdrehe – die Pflanze geht ein. Wenn ich Menschen Bibelsprüche um die Ohren haue, sie mit christlichen Weisheiten wie mit der Feuerwehrspritze begieße – das wird nichts.

Ich habe an anderer Stelle geschrieben:
»Ich sehe an meinem noch vom örtlichen Schreiner gefertigten Schreibtisch unseren gemeinsamen Bruder Martin Luther sitzen. Ober er nun mit Kreide oder mit Tinte in all seinen Zweifeln: ›baptizatus sum‹, ›Ich bin getauft‹, auf seinen Schreibtisch geschrieben hat – mir ist das vollkommen gleich.
Ich bin getauft. Ich bin eingeschrieben ins Buch des Lebens. Für mich ist ein anderer gestorben. Und der andere lebt. Mit ihm auch ich. Punktum. Schluss. Und keine Diskussion mehr.
... Soll ich mich deshalb grämen?
Nein, ich werde einzig und allein sagen und zeigen: ‚Ich bin am 20. Juni 1948 in Niefern von Pfarrer Friederich Rosewich

getauft worden. Meine Eltern Eugen und Emilie Engelsberger haben mich zur Taufe gebracht. Ich habe nichts, aber auch gar nichts dazu beigetragen. Ich habe vielleicht geschrien, gestrampelt und gemeutert. So, lieber Gott, war das ein Leben lang. Ich habe geschrien, gestrampelt und gemeutert. Und doch hat mich der Pfarrer getauft. In deinem Namen. Im Namen des Vaters, des Sohnes und des Geistes. Mehr habe ich nicht vorzubringen.«[8]

Ich beobachte unsere Enkel. Sie schütten aus der Regentonne breit und wahllos Wasser auf Pflanzen und Büsche.

Als ich »wahllos« geschrieben hatte, horchte ich auf.
Ich weiß, welche Pflanzen Wasser brauchen.
Die Enkel wissen das nicht.
Noch habe ich Wasser in der Regentonne, um zu korrigieren.

Die Enkel hatten ihren Spaß. Haben unsere Liebe zu den Pflanzen verstanden. Haben noch keine Prioritäten. Haben uns Großeltern als Ersatz. Und wir sind glücklich bei dem, was sie noch als Spiel empfinden, wir als Aufgabe.

Als ganz am Anfang aus Tohuwabohu ein geordnetes Ganzes entstand;
als mit den Jahren sich dieser wunderbare blaue Planet formte mit Wasser und Luft und Grün und Leben;
da hat auch keiner korrigiert.
Ein Jahrmillionen-Fest.

Und da war schon
die Idee von uns.
Da war schon
die Idee von Leben.

Unbeschriebenes Blatt

Und er ist gekommen und hat im Evangelium
Frieden verkündigt euch, die ihr fern wart, und Frieden denen,
die nahe waren. So seid ihr nun nicht mehr Gäste und Fremdlinge,
sondern Mitbürger der Heiligen und Gottes Hausgenossen.
Epheser 2,17.19

Bei der ist Hopfen und Malz verloren!
Eine Nachbarin über das dritte Mädchen einer Mutter,
das wiederholt mit Drogen angetroffen wurde

Ein leeres Blatt,

nicht mehr als das Datum am Beginn eines Briefes,
der erste Schrei eines eben geborenen Kindes
oder die ersten Takte einer Ouvertüre:
ein neuer Tag.

Alles ist offen,
wird in den kommenden Stunden gefüllt werden
mit Sehnsucht und Lärm,
mit Geschäftigkeit und Anrufen,
mit Liebe und Enttäuschung,
mit Hoffnung und Zweifel.

Wer je in Ehrfurcht ein leeres Blatt betrachtet,
vielleicht mit dem Handrücken fast zärtlich
über das unschuldige Weiß gestrichen
und in sich ein Prickeln und Sehnen,
eine Spannung gespürt hat,
wird verstehen:
Hier beginnt etwas Neues.

An jedem guten Morgen leuchtet etwas auf
von der Unschuld des siebten Schöpfungstages:
... als ob ich doch von vorne beginnen könnte,
trotz aller Festlegungen, Dunkelheiten und Wunden.

Nun, Gott, lass aufgehen
Sonne, Tag, Wege und Türen.
Mit allen Geschöpfen
will ich dich preisen und leben.
Du meinst es gut.

Das fünfte Rad

Er war so verachtet, dass man das Angesicht vor ihm verbarg;
darum haben wir ihn für nichts geachtet.
Jesaja 53,3b

HERR, ich bin zu gering aller Barmherzigkeit und aller Treue,
die du an deinem Knechte getan hast;
denn ich hatte nicht mehr als diesen Stab,
als ich hier über den Jordan ging,
und nun sind aus mir zwei Lager geworden.
1 Mose 32,11

Es ist ein trauriges Leben. Wer seine Tage immer als Reserverad gefristet hat, wird mich verstehen. Entweder man hat dich unters Auto geschraubt, und du siehst nichts von der Welt außer Asphalt, Beton, Teer, Pfützen und Dreck. Oder du liegst unter dem Rücksitz, unten im Kofferraum oder irgendwo im Autoinnern versteckt im Dunkeln.
Es ist ein trauriges Leben als fünftes Rad.

Seit gestern ist alles anders. Wir waren unterwegs, als der Wagen plötzlich zu rattern, zu holpern und zu schlingern anfing und schließlich am Straßenrand zu stehen kam. Ich hörte so etwas wie »... noch einmal Glück gehabt« und »Reifen kaputt«. Dann sagte eine andere Stimme: »Gott sei Dank, wir haben ja noch das Ersatzrad.«
Der Rest ist schnell erzählt: Wagenheber, aufbocken, Schraubenschlüssel, Radmuttern lösen, Rad wechseln.
»Gott sei Dank, wir haben ja noch das Ersatzrad.«

Nun bin ich nicht mehr Ersatz.
Ich bin vorne links und laufe wie eine Eins.

Dachgeschichten

»Dir steig ich aufs Dach!«
Ausschnitt aus einem Streit unter Nachbarn

Was ich euch sage in der Finsternis, das redet im Licht;
und was euch gesagt wird in das Ohr, das predigt auf den Dächern.
Matthäus 10,27

»Dir steig ich aufs Dach!« Sie kennen den Ausdruck, er ist eine kleine Drohung. Aber wo kommt das Bild her?

Im Mittelalter war das Abdecken des Daches eine strafrechtliche Maßnahme gegen Menschen, die den Frieden störten. Den Verbrecher sollte kein Dach mehr schützen, bevor er sich dem Richter gestellt hatte.
Dem Hausbesitzer wurde befohlen, einen Verbrecher herauszugeben. Tat er dies nicht, dann zogen die Gerichtsdiener aus, stiegen dem Hausbesitzer aufs Dach, deckten es ab und ließen den Himmel ins Haus hinein.
»Vogelfrei« sollte der Verbrecher von nun an sein. Das gab der Obrigkeit das Recht, ihn im Haus zu verhaften, da ihn nun kein Dach mehr schützte.

Aus diesem Bereich stammen verschiedene Sprichwörter und Redensarten, die Sie alle kennen:

jemandem das Dach abdecken,

kein Dach mehr über dem Kopf haben,

heimatlos, schutzlos, ungeborgen sein.

Einem aufs Dach steigen heißt also: ihn schelten oder strafen.
Im Zweifel: ihn obdachlos machen.

Die Hauszerstörung war zu allen Zeiten eine scheußliche strafrechtliche Maßnahme gegen Friedlose und Geächtete. Besonders dann, wenn sich ein Mann von seiner Frau schlagen ließ, dann wurde ihm zur Strafe das Dach abgedeckt.[9]

Wir beobachten vier Männer, die einem Hausbesitzer aufs Dach steigen.
Das spielt sich in Zeiten ab, zu denen es nur einstöckige Häuser gab. Das war vielleicht etwas mühsam, aber nicht gefährlich. Und sie tun sich schwer damit.
Jesus ist in Kapernaum, seiner selbstgewählten Heimat. Er wird in ein Haus gerufen. Dort liegt ein Gelähmter. Freunde haben ihn durchs offene Flachdach in die Mitte des Wohnraums gelassen. Sie sind ihm also tatsächlich aufs Dach gestiegen.
Der Geist Gottes – aus offenem Himmel – fließt ungehindert. Das Vergangene ist bereinigt. Der Schuldige ist frei. Der Sünder ist bei seinem Heiland. Du bist deine Sünde los.
Jesus könnte noch dazu sagen: Das Vertrauen deiner Freunde hat dir geholfen. Du hast starke Freunde. Du hast kein Land, kein Licht und kein Heil mehr gesehen. Deine Freunde haben sich damit nicht zufriedengegeben. Du hast starke Freunde.

Man wird uns tragen auf dem letzten Weg.
Und man wird uns Gott vor die Füße legen. Treue Freunde werden das tun, eine treue Gemeinde wird Gott »aufs Dach steigen«, wird uns Gott selbst ans Herz legen. Wortlos vielleicht. Traurig. Da macht man nicht viele Worte.
Aber die Bitte wird sein: Gott, sende neu deinen Geist. So wie du Jesus, den sie ins Grab gelegt hatten, ins Licht des Lebens gerufen hast durch deinen Geist, so rufe nun diesen Menschen ins Leben, den wir dir vor die Füße legen.

Wenn das Licht der Sonne weniger wird, dann ist es gut, zu wissen, dass man gute Freunde hat, einen offenen Himmel und einen gnädigen Gott.

Demut

Es gibt eine besonders unsympathische Art von Hochmut, die Demut.
Hans Krailsheimer [10]

Liebe ist die stärkste Macht der Welt,
und doch ist sie die demütigste, die man sich vorstellen kann.
Mahatma Gandhi

Er sitzt mir gegenüber. Etwa mein Alter.
Wir haben uns auf eine längere Fahrt eingestellt.
Er sieht, was ich lese, und fragt: Sind Sie Theologe?
Wir kommen ins Gespräch. Es stellt sich heraus, dass auch er evangelisch ist. Er kennt sogar noch seinen Konfirmandenspruch. Aber bei ihm hat das einen besonderen Grund. Der Konfirmandenspruch hat ihn geärgert, seit er denken kann. Sagt er. Früher hat den der Pfarrer ausgesucht. Man hat dann schon gespürt, was er sich dabei gedacht hat.
Er hat mich auf die Folter gespannt.
Ich will wissen, wie der Spruch heißt.
»Gott widersteht den Hochmütigen, aber den Demütigen gibt er Gnade«, sagt er und schaut mich an: »Na?«
»Demut. Wie soll das gehen?«, fragt er.
»Ich weiß es auch nicht so recht.«
»Das kriegt doch keiner hin.«
»Na ja, ein paar schon.«
»Sie machen sich doch bestimmt auch nicht kleiner, als Sie sind!«, sagt er zu mir. »Ob das gemeint ist?«

Jesus, so erzählen es die Evangelien, war demütig.
Der germanische Begriff »diemuot« bezeichnete die Gesinnung von Gefolgsleuten gegenüber ihrem Lehensherrn. Sie mussten vor ihm niederknien, auf Befehle warten und diese dann widerspruchslos ausführen.

Eigentlich weist der Begriff ja auf Gott hin. Denn De-Mut kommt vom Lateinischen deo servus – Gottes Diener – »Gottes mutiger Diener«.

Aus dieser weisen »Lebenshaltung Demut« heraus zu leben, das braucht viel Mut. Demütige haben den Mut, zu dienen, sich ein- oder sogar unterzuordnen. So wie Mutter Teresa in ihrem Dienst für die Sterbenden in den Gassen der Slums von Kalkutta, wie Willy Brandt bei seinem Kniefall im Warschauer Ghetto oder wie der 73-jährige Mann, der seine an der Alzheimer-Krankheit leidende Frau in der gewohnten Umgebung pflegt.
Er sagt ganz schlicht, sie hätten zusammen so viele gute Jahre gehabt, da sei es doch selbstverständlich, dass er seine Frau nun begleite, solange er dafür die Kraft habe. Mut zum Dienen. Jesus hat Demut, Mut zum Dienen, vorgelebt und seinen Jüngern die Füße gewaschen. Gott hat sich selbst gedemütigt. Wird klein, gering, niedrig, bedürftig und stirbt an einem Kreuz. Demut, Mut zum Dienen kommt aus dem tiefen Respekt vor dem anderen und ist Mut zur Menschlichkeit und damit Mut, menschliche Grenzen einzugestehen.

Ich kann im Grunde »Demut« gleichsetzen mit »Hochachtung«.
Ich habe Hochachtung vor deiner Arbeit.
Ich bin nicht überheblich mit meiner.
Ich habe Hochachtung vor deiner Kultur.
Ich mache dich nicht runter, nur weil du anders bist.
Ich habe Hochachtung vor deiner Religion.
Ich werde die Schriften, die dir heilig sind,
weder mit Füßen treten noch verbrennen.
Ich habe Hochachtung vor jeder Pflanze, vor jedem Tier, vor Wind und Wasser – ich habe Hochachtung vor allem, was lebt.
»Ich bin Leben, das Leben will inmitten von Leben, das Leben will«, sagt Albert Schweitzer und meint, die Ehrfurcht sei die wesentliche menschliche Tugend.

Ich habe Hochachtung vor Gott. Ihm verdanke ich mein Leben. Ihm verdanke ich das Leben derer, die mir lieb sind. Die Schönheit, den Glanz der Schöpfung im Kleinsten und Größten. Demut kann ich übersetzen mit Hochachtung, die mich in die Pflicht nimmt. Die will, dass ich mich einbringe, mutig einbringe. Und dabei auf dem Boden bleibe. Ich soll nicht kriechen und kuschen. Ich soll nur nicht abheben.

Ich erkenne, dass ich von der Erde stamme, dass ich Mensch bin mit allem, was zu diesem Körper gehört. Dass ich vergänglich bin. Demütig sein heißt dann schlicht und einfach »ehrlich sein«, die Wahrheit über mich selbst wissen; mich selbst und meine Grenzen kennen. Das ist das Ende allen Hochmuts, die Voraussetzung jeder Hochachtung, und führt mich direkt zu Gott. Ihm verdanke ich, was ich bin und was ich kann.

Aber dann geht die Bibel weiter. Sie erzählt, wie aus Demut Sorglosigkeit wird. »Sorgt euch nicht! Gott sorgt für euch!«

Wie wird aus Demut Sorglosigkeit?
Nun, sei ehrlich zu dir selbst. Übernimm dich nicht. Lass es gut sein. Überschätze deine Kräfte nicht. Mach dich nicht größer und nicht kleiner.
Vor wem denn?
Vor Gott, der dich geschaffen hat, der dich begleitet, der – wie es Jesus sagt – jedes Haar auf deinem Kopf kennt?
Du musst doch vor Gott nichts beweisen.
Achte Gott so hoch, dass du ihm dein ganzes Leben anvertraust.
Dazu lädt Jesus ein, dazu lädt der Apostel Paulus ein.
Dazu hat Martin Luther eingeladen.
Mach dich nicht abhängig von dem, was eh nicht bleibt.
Deine Sorgen ändern nichts am Lauf der Dinge.
Im Gegenteil, deine Sorgen stellen sich zwischen dich und Gott, zwischen dich und deine Frau, zwischen dich und deine Kinder.

Zu wenig oder zu viel der Sorge heißt, dass du dein Maß noch nicht hast.
Du musst die Welt nicht heilen, aber du kannst den einen Menschen lieben.
Du musst nicht zig Millionen Hungernde sättigen, aber du kannst dich schützend vor einen Menschen stellen.
Du kannst nicht allen Arbeit geben, aber auf Schwarzarbeit verzichten.

Dann holt mich Wichtiges ein: Demut heißt sich nicht vergleichen. Meinte der auf ungeklärte Weise abgestürzte Dag Hammarskjöld. Noch vergleiche ich mich.

Matthias Schrott

Schutt abladen verboten!
Verkehrsschild

Ich aber dachte, ich arbeitete vergeblich
und verzehrte meine Kraft umsonst und unnütz,
wiewohl mein Recht bei dem HERRN
und mein Lohn bei meinem Gott ist.
Jesaja 49,4

Er hieß Matthias Krohn. Wir nannten ihn nur Schrott.
Er wohnte allein am Ende der Straße in einem kleinen Haus mit angebauter Scheune. Bei jedem Wetter war er unterwegs mit Rucksack oder Leiterwagen und brachte nicht selten einen Wagen voller Plunder, Abfall und Schmuddelkram mit nach Hause. Fragte man ihn danach, meinte er lachend: »Es gibt nichts Unnützes. Alles kann man gebrauchen.«
Aber die Leute machten sich ein Gespött: »Wie es wohl bei ihm zu Hause aussieht? Wie auf einem Schrottplatz!«

Eines Sonntags kamen wir vom Spaziergang nach Hause. »Hast du den Schlüssel, Mutter?«, fragte Vater.
»Nein, den hast du eingesteckt.«
»Ich? Kinder, habt ihr den Schlüssel?«
Keiner hatte ihn.
Und keiner wollte ihn verloren haben.

Da standen wir vor dem eigenen Haus, hatten keinen Schlüssel, und das sonntags. Man musste den Schlosser holen. Aber der Schlosser war bei einer Familienfeier und der Schreiner war grippekrank.

»Schrott! Frag mal Schrott«, meinte Mutter.
Es dunkelte bereits.
Sie selbst traute sich nicht, typisch.
Ich musste fragen gehen.

Schrott war freundlich und lachte:
»Komm mal mit in die Scheune!«
Ich meinte, ich käme in ein Museum oder in ein blitzblankes Warenhaus für Gebrauchtes. Unzählige Einzelstücke, alle gereinigt, sortiert und aufbewahrt, vom Fahrradschlauch über das Küchenmesser bis zur Krawatte. Auch Hunderte von Schlüsseln hingen da aufgereiht an Nägeln oder in Drahtschlaufen.
Tatsächlich war auch einer dabei, der passte.
Etwas verbogen und angerostet. Aber danach fragt man ja nicht in der Not.
Als ich den Schlüssel zurückbrachte, mich für die Hilfe bedankte und einen guten Abend wünschte, meinte Schrott:
»Wenn ihr wieder mal was braucht, fragt ruhig.
Ihr wisst ja, wo ich zu finden bin.«

Glauben leben

Er fragte:
Was glauben Sie?

Ich habe gezögert.
Und dann vorsichtig korrigiert:
»Mir wäre lieber, Sie fragten mich,
wem ich glaube.«

Dann: Wem glauben Sie?

Noch einmal Zögern.
Dann noch einmal vorsichtig:
»Ich vertraue meiner Frau.
Ich vertraue unseren Kindern.
Und ich glaube an Gott.«

Spiritualität

Vierteilung ist keine Tugend.
Sie ist eine scheußliche Hinrichtungsmethode.
G. E. angesichts des erforderten Multitaskings

... damit sie eins seien, wie wir eins sind.
Johannes 17,22

Ich glaube, dass die Dinge weit mehr sind, als wir sehen und fühlen. Ich glaube, dass den Menschen weit stärkere und friedvollere Gaben geschenkt sind, als wir sie nützen.

Ich glaube, dass nichts geschieht ohne den Willen und ohne die Anwesenheit, ohne die Sorge und ohne das Leiden Gottes. Die Geschichte eines Menschen ist Gottes Geschichte, wie die Geschichte einer Pflanze Gottes Geschichte ist.
In Wahrheit sind wir eins, weil Gott eins ist. Spiritualität ist die geistige und leibliche Erfahrung dieser tiefen Einheit, aus der keiner fallen kann, den Gott nicht fallen lässt. Hinter der Sehnsucht nach Heilung steckt mehr als der Wunsch, wieder gesund zu werden.

Wie Ruderboote auf dem stürmischen Bodensee schaukeln wir hin und her. Haben genug damit zu tun, nicht unterzugehen. Uns fehlt der Tiefgang. Wir liegen zu flach, um überhaupt noch steuern zu können. Irgendwann wird sich der Sturm schon legen.

Spiritualität mutet mir Weite zu und Tiefgang.
Viele »buchen« und »leisten« Spiritualität.
Da war einer, der sie verschenkte.
Im Übrigen: Da waren sich Gautama Buddha, Mose, Jesus und die anderen einig.

Zeugen – Die Bibel und die einfachen Leute

Da zerriss der Hohepriester seine Kleider
und sprach: Was bedürfen wir weiterer Zeugen?
Markus 14,63

Ihr werdet die Kraft des Heiligen Geistes empfangen,
der auf euch kommen wird, und werdet meine Zeugen sein.
Apostelgeschichte 1,8

Die Farben sind warm von der Märzsonne. Durch Buntglasfenster (Te deum laudamus) fällt Licht in den Chor. Vieles hat sich verändert. Gestühl, Altar, Orgel. Doch nicht der Geruch, nicht die Grabplatten, eingelassen in die Chorwand. Auch nicht die Wandbilder, wegen der ich an diesem Palmsonntagnachmittag gekommen bin

Es gibt Begegnungen verschiedener Art. Ich bin gekommen, um einem Bild zu begegnen. Das »Martyrium des heiligen Bartholomäus«. Ein Wandbild im Chor der Kirche, in der ich getauft und konfirmiert worden bin: St. Marien in Niefern im Enzkreis, eine uralte Wehrkirche, gebaut – wie man heute weiß – auf den Resten eines römisch-keltischen Heiligtums aus dem 2. Jahrhundert. Bei Innenumbauten der Kirche fand man unter dem Boden entsprechende Hinweise. In wie vielen Kriegen hat sie der leidgeprüften Bevölkerung Nieferns und umliegender Orte Schutz gespendet. Der heutige Chor stammt aus dem 14. Jahrhundert, das Schiff entstand um 1480. Die Wandbilder, die auf mich eine so langanhaltende Faszination ausübten, entstanden im späten 14. Jahrhundert. Die Kirche ist insgesamt ein künstlerisches und kunsthistorisches Kleinod.

Allein in dieser alten Kirche.
Sechs Jahrhunderte.
Die Gestalten an den Wänden füllen sich mit Leben. Nur wenig Phantasie, etwas die Augen schließen, und man kann die Steinmetze hören, die Rufe der Vorarbeiter. Kann den Schweiß geschundener Leibeigener riechen und den Meister gestikulieren sehen mit seinem Plan. Wenige Jahrzehnte später in diesem damals noch fensterlosen und deshalb dunklen Chorgewölbe auf einem Brettergerüst ein junger Maler, von Blättern seiner Malschule in großer Ruhe und mit bedachtem Strich Gestalten der Bibel für Jahrhunderte festhaltend. Ein Mann mit eigener Handschrift, Kunstwerke für Jahrhunderte, und doch ohne Namen. *Die Bibel der einfachen Leute*, das waren über Jahrhunderte die Kunstwerke unserer Kirchen.

Er hat in Kopfhöhe begonnen: die zwölf Apostel mit ihren Zeichen: Bibel, Schwert, Schlüssel ... Die Apostel und ihr Meister. Darüber dann die wichtigsten Propheten und Gott-Vater. Fast aufgeregt gestikulierend alle, als könnten sie nicht erwarten, dass die Spruchbänder, die sie in heftigen Bewegungen umspielen, vom Betrachter auch ganz gewiss gelesen werden. Zentrale Wahrheiten der Bibel und des Glaubensbekenntnisses.

Nun kniet er hoch oben auf einem Brett, nur wenig gesichert. Im Schildbogen über Jüngern und Propheten, über den zentralen Bekenntnissen des Alten und Neuen Bundes entsteht ein tief beeindruckendes Märtyrerbild. Der Zeuge der Liebe Gottes und all ihrer Manifestationen in der Heilsgeschichte des Volkes Israel bis zu Kreuz und Auferstehung des Gottessohnes. Der Zeuge bezahlt sein Zeugnis mit dem Tod.

Den Märtyrertod starb Bartholomäus nach der Überlieferung in Albanopolis in Armenien. Er hatte den König Polymios bekehrt. Ambrosius berichtet: »König und Königin wurden getauft mit all ihrem Volke, und zwölf umliegende Städte ge-

horchten fortan dir, Vater im Himmel, mit Leib und Seele. Auf der Götzenpriester Bitten ließ dann der tyrannische Bruder des neu bekehrten Königs den heiligen Apostel, der im Glauben standhaft blieb, schlagen und bereitete ihm einen bitteren Tod, indem er ihn geschunden hat.«
Über die Todesursache gibt es unterschiedliche Versionen. Allgemein hat sich allerdings durchgesetzt, dass ihm die Haut bei lebendigem Leib abgezogen, er also enthäutet und danach enthauptet worden ist.

Am 24. August, dem Bartholomäustag, liest die katholische Kirche im Martyrologium: »Der heilige Apostel Bartholomäus. Er hat in Indien das Evangelium Christi verkündigt, begab sich dann nach Großarmenien und bekehrte dort sehr viele zum christlichen Glauben. Von den Heiden wurde ihm bei lebendigem Leib die Haut abgezogen, dann ließ König Astyages ihn enthaupten. So starb er als Märtyrer. Sein heiliger Leichnam wurde zuerst nach der Insel Lipari, von dort nach Benevent und schließlich nach Rom auf die Tiberinsel überführt; hier wird er von den Gläubigen in frommer Andacht verehrt.« Ein Teil der Reliquien kam übrigens auch nach Deutschland. Seine Hirnschale befindet sich seit 1238 im St. Bartholomäus-Dom in Frankfurt am Main.

In der Gestalt des Bartholomäus begegnet uns eine fremde christliche Welt, von den Christen des Westens totgeschwiegen, verdrängt. Alte christliche Kulturen, Leidenswege ganzer Völker, lange bevor das Evangelium in unserem Land erzählt und geglaubt wurde: Äthiopien, Armenien, die koptische Kirche. Wer Jerusalem besucht, kann die verbissene Verteidigung ihrer seit 1.500 Jahren verbrieften Rechte an der Grabeskirche beobachten. Geschundene Völker – damals und heute. Sogar noch an Christi Grab im Hintertreffen.

Stifter, Wappen und anderes waren nicht mehr gegenwärtig in meinen Erinnerungen. Ja, mir war nicht einmal bewusst, dass es sich bei dem Geschundenen auf der Schlachtbank um Bartholomäus handelte. Für mich als Kind gab es nur eine Möglichkeit: Das ist Jesus Christus. Sangen doch die Eltern im Chor und mit ihnen die Gemeinde in der Passionszeit immer: »O Lamm Gottes, unschuldig am Stamm des Kreuzes geschlachtet«. Oder in einem weiteren Lied (»Ein Lämmlein geht und trägt die Schuld«): »... es geht dahin, wird matt und krank, ergibt sich auf die Würgebank ...« Das war sie, die Würgebank, auf der Jesus geschlachtet wurde. Oben im Chor der Kirche, sichtbar für jeden, wird ein Mensch geschlachtet, und dieser Mensch ist Jesus.

Nur mit einem Lendentuch bekleidet, liegt der Heilige in der Bildmitte auf der Bank, den Mund geschlossen, die Augen weit offen, Blick nach oben. Als ob er all das Schreckliche und Schmerzliche gar nicht mehr wahrnähme, entrückt schon dorthin, wo im gleichen Augenblick zwei Engel die als nacktes Kind dargestellte Seele des Märtyrers in den Sternenhimmel und über diesen hinaus emportragen. Unwirklich deshalb die Geschäftigkeit der Folterknechte und Henker, die sich an seinem Leib zu schaffen machen. Zum Teil, an Füßen und Händen, ist ihm die Haut schon abgezogen oder abgeschabt. Blutlos, wie Handschuhe, hängen die abgezogenen Hautteile an den Gliedmaßen. Wären die Motive nicht so klar, sprächen nicht die Stifter, das Schriftband, der Nimbus des Apostels, seine emporgetragene Seele deutlich Worte über das Geschehen, man könnte sich in eine mittelalterliche, asiatische Ärzteschule versetzt sehen, in der eben mit dem Seziermesser praktische Übungen getätigt werden. Aber um den geschundenen Bartholomäus stehen keine Medizinstudenten, sondern seine Henker. Messer in den Händen, turbanartige Hüte, schmucke Kleider, dunkle Hautfarbe, Kraushaar – geschäftig und doch teilnahmslos verrichten vier von ihnen ihren Dienst, überwacht von ihrem Anführer, der sich auf sein Schwert stützt und bei diesem Geschäft keinen Finger rührt. Ein sechster Henker hat das Messer zwischen die Zähne geklemmt und unterhält sich gestikulierend mit König Astyages, der links von der Folterbank auf seinem Thron sitzt, in einem engen, pelzverbrämten Rock, Krone auf dem Haupt, die Linke erhoben. Als ob Henkersknecht und König gerade darüber fachsimpelten, welche Körperpartie nun an die Reihe kommt.

Damals als Kind war ich nicht schockiert von der Teilnahmslosigkeit, dem ostentativen Desinteresse, der Mitleidslosigkeit. Es war die Brutalität der Szene: Zu so etwas sind Menschen fähig. So ist Jesus geschlachtet worden. Der vielleicht sechs- oder achtjährige Junge hatte damals Albträume in der Passionszeit. Einer ist mir noch ganz eindrücklich gegenwärtig.
Auf eben einer solchen Bank lag ausgezogen einer unserer Nachbarn, ein kleines, altes Bäuerchen, das uns immer frische Eier brachte. Und an der gleichen Stelle im Hinterhof, wo sonst Schweine geschlachtet wurden, schnitt man im Traum den Alten in Stücke. Ob ich als Kind schon ahnte, wozu wir Menschen hinter unserer Fassade, eben im »Hinterhof«, fähig sind?

Ich habe mich in Gedanken verloren, bin Wege gegangen, die man nur ungern noch einmal geht. Die Sonne ist etwas weitergezogen, die Schatten scheinen länger, die Kirche vermag nicht mehr zu bergen. Draußen fährt ein LKW oder Bus an, aufreizend lange läuft der Motor leer. Warum schreit keiner?

Eine Ameise

Ich habe mich nicht zu den Fröhlichen gesellt noch mich mit ihnen gefreut, sondern saß einsam, gebeugt von deiner Hand; denn du hattest mich erfüllt mit Grimm.

Jeremia 15,17

Da ist einer, der steht allein und hat weder Kind noch Bruder, doch ist seiner Mühe kein Ende, und seine Augen können nicht genug Reichtum sehen. Für wen mühe ich mich denn und gönne mir selber nichts Gutes?

Prediger 4,8

Eine Ameise weiß von ihrer Sterblichkeit nichts.
Ein Stein grübelt nicht über woher und wohin.
Ein Baum wächst, gibt Frucht und vergeht eines Tages.

Wir Menschen meinen,
weil wir denken, lesen und rechnen können,
wir seien der Mittelpunkt und die Messschnur.
Dabei hat uns Gott nur ein anderes Fenster geöffnet.

So wie ich Schwimmen nicht im Trockenen lerne,
so kann ich vor dem unendlichen Ozean der Liebe Gottes
nur wie ein Schüler auftreten,

Ich muss eins werden mit diesem Ozean,
mich tragen lassen,
wohin er mich trägt.

Liebe leben – Leben lieben

Ich bin doch nicht blöd!
Aus der Werbung

Die Liebe erträgt alles, sie glaubt alles, sie hofft alles, sie duldet alles.
1 Korinther 13,7

Alle Vater-Unser-Bitten zielen auf das Gleiche:
Vater, heile uns.
Wir sind Bruchstücke eines Ganzen.
Teile eines Weges. Scherben eines Gefäßes.

Diese kostbare Welt
schmilzt unter unseren Händen wie ein Eiskristall.
Einer des anderen Elend.
Bei bestem Wollen: Einer bleibt des anderen Schuldner.

Im Gebet sage ich zu Gott: Bitte, meistere mein Leben.
Und Gott sagt: Geh bei Jesus Christus in die Lehre.

Lege nicht alles auf die Goldwaage. Lass den »Sohn« lieben.
Er liebt so,
wie ein Fisch schwimmt,
ein Vogel fliegt
und ein Licht leuchtet.

Ob das alles ein Ende hat?

Keiner versichert dich.
Die einzige Versicherung:
Liebe Leben.
Lebe Liebe.
Und traue beidem.

Und Gott pflanzte einen Garten in Eden ...

Und Gott der HERR pflanzte einen Garten in Eden
gegen Osten hin
und setzte den Menschen hinein, den er gemacht hatte.
1 Mose 2,8

Mach dich weg auf deinen Acker!
Jan, 6 Jahre alt, beim Freispiel im Kindergarten

Wo der biblische »Garten Eden« einst lag – nordöstlich von Israel, vielleicht im Zweistromland, dem heutigen Irak – wir wissen es nicht. Schon der Name Eden ist zweideutig: Im Akkadischen bedeutet er Steppe, im Sumerischen bezeichnet er ein fruchtbares, bewässerungsfähiges Land. Israel hat ihn als Lust, als Wonne interpretiert. Am besten ist der Garten Eden wohl mit »Garten der Freude und Lust« zu übersetzen.

Der Garten, in dem Gott spazieren geht, Mensch und Tier in Unschuld und Freundschaft leben, ist ein angstfreier Ort. Wo immer Menschen heute Freiheit nach Unterdrückung erfahren, Geborgenheit nach Flucht, wo »ihre Füße auf weiten Raum gestellt werden« (Psalm 31,9), bezeichnen sie den Ort der Rettung als Paradies. Sie beschreiben einen umfriedeten Bereich, in den die Hand derer, die ihnen Böses wollen, nicht reicht.

Engel schützen nach den Bildern der Bibel die Tore, ein Strom des Lebens entspringt in seiner Mitte, Mensch und Mitwelt müssen um das lebenswichtige Wasser nicht bangen. Im Paradiesgarten kann ich der sein, der ich bin, kann auf Kleider und Masken verzichten, im spielerischen Miteinander das Leben feiern. Selbst Scham ist nicht nötig, weil die Schamlosen fern sind.

Das Bild vom Paradiesgarten hält die Sehnsucht wach nach einem Ort der Unschuld. Wohl können wir dorthin nicht wieder zurück, so wie uns der Mutterleib verschlossen bleibt. Und doch gibt es einen Weg: Gott öffnet von Neuem die Tore.

Der Mensch greift nach den Früchten des Baumes, den Gott sich selbst vorbehalten hat. Er verletzt das Gegebene und handelt sich dafür den Tod ein.
Der Mensch reagiert mit Schuldzuweisung: Die Frau hat mich verführt, sagt der Mann. Die Schlange ist an allem schuld, sagt die Frau. Der Garten des Lebens schließt sich hinter dem Menschen.

Draußen, jenseits von Eden findet sich der Mensch wieder als Frau, die unter Schmerzen ihre Kinder zur Welt bringen muss, als Mann, der im Schweiß seines Angesichts ein Leben lang hart arbeitet. Am Ende wird der Mensch, woraus er genommen ist: »Von Erde bist du genommen, und zu Erde sollst du werden.« Sein Grab liegt jenseits von Eden.

Jenseits von Eden zählt der Erfolg der Schnelleren, misst man mit dem Maß der Sieger, wird Schwäche überspielt oder bestraft.
Jenseits von Eden werden Blumen gezüchtet und Tiere, schon auch die ersten Menschen; wird Leben genormt und werden Beziehungen überfordert.

Jenseits von Eden wachsen die Heilkräuter dennoch am Wegrand, unter dicker Staubschicht. Sie tragen Namen, die sich auf Warten reimen, auf Geduld.

So wie man Brunnen nicht über Nacht bohrt, so muss man jenseits von Eden Schicht um Schicht abtragen an den Wegrändern. Doch dann stößt man auch dort auf Knospen der Liebe Gottes.

Gott lernt dazu!

Wie du warst vor aller Zeit,
so bleibst du in Ewigkeit.
EG 331,1

Da sah er ihre Not an, als er ihre Klage hörte,
und gedachte an seinen Bund mit ihnen,
und es reute ihn nach seiner großen Güte.
Und er ließ sie Barmherzigkeit finden bei allen,
die sie gefangen hielten.
Psalm 106,44-46

Freunde streiten mit mir darüber, ob Gott sich ändert.
Ob Gott aus Erfahrung lernt.
Ich sage ja.
Eine unangenehme Geschichte für alle,
die aus Jesus gerne einen Übermenschen machen.
Unangenehm auch für die, bei denen Jesus unveränderlich, unerschütterlich von Ewigkeit zu Ewigkeit immer derselbe ist und bleibt.
Eine gute Nachricht für arme Schlucker.
Eine gute Nachricht für alle, die hoffen, dass Gott sich doch noch erweichen lässt, dass Gott mit sich reden lässt.

Dass eben nicht vor ewigen Zeiten bestimmt ist, ob mein Kind mit elf an Leukämie stirbt und mein Mann mit 38 an Krebs. Dass es da einen Freiraum gibt, den ich zumindest nicht ohne Hoffnung mit meinem Schreien, Beten und Klagen betrete.

Ich baue darauf, dass Gott Liebe hat im Überfluss.
Wenn es dieses Recht der armen Schlucker nicht gibt, dann gute Nacht.

Die Bibel ist ein Dokument für einen Gott, der sich bewegen lässt, der sich ändert, der gar über eigene Fehler nachdenkt, der alte Entschlüsse widerruft und neue Wege geht.
Gott ist verwickelt.
Ein Gott, der sich nicht mehr bitten lässt, ist so viel wie kein Gott.

Es mag ja sein, dass die Antwort später kommt, als uns lieb ist.
Dass wir bei unserer Suche nach Gott innerlich und äußerlich verarmen.

Gib nicht auf!
Gott wird nicht anders können, als dir zu helfen.
Er ist nicht Wotan, Zeus & Co.
Gib nicht auf!

Und wenn das ganze Leben bis zum letzten Atemzug ein Schrei wäre gegen Gewalt, Hunger, Erniedrigung, Krankheit und Unrecht.
Gib dich nicht auf!

Auch meine Hände sind manchmal müde vom Gebet und meine Träume sind müde von den alten Zeiten.
Ich hoffe, auf dem Weg Jesu wird es auch Stationen geben für Feiglinge wie mich, und für die vielen unter uns, die so einigermaßen durchs Leben gekommen sind.

Mein Gebet: dass unser Glaube durch alle Umwege, Erniedrigung und Enttäuschung hinweg an den Tisch Gottes führt. Das gäbe uns vielleicht bei allen Fragen doch die Gelassenheit, die man braucht, um fröhlich zu sein.

Vielleicht ist das das Geheimnis eines großen Glaubens:
neben der Liebe – nicht aufhören zu beten.

Bruder Gott

Wenn wir 100.000 Muslime reinlassen,
dann sind doch 1.000 Islamisten darunter,
die Ungläubige verfolgen.
Spiegel online, Teilnehmer Pegida in Dresden

Den Schwachen bin ich ein Schwacher geworden,
damit ich die Schwachen gewinne.
Ich bin allen alles geworden,
damit ich auf alle Weise einige rette.
1 Korinther 9,22

Bei den vielen Begegnungen mit Menschen außerhalb unseres Kulturkreises habe ich »Demut« gelernt. Früh schon war mir wichtig, zu erfahren, worüber dort Menschen froh sind, was sie stolz macht, welche Träume sie für ihre Kinder und Enkel haben, welche Sorgen sie nachts nicht schlafen lassen, worüber sie lachen und worüber sie weinen.

Du hast eine zahnlose Frau gefilmt, aber kein Wort mit ihr gesprochen.
Welche Gebete betet sie, wenn sie betet?
Was singt das Mädchen, wenn es Reis pflanzt?
Mit welchen Bildern beschreibt der Junge, der auf dem Rücken eines alten Esels sitzt und einen Karren Mais – wohin? – bringt, seine Zukunft?
Und was denkt der Familienvater, der dich auf dem Weg zu kulturellen Schätzen seines Landes mit einer Kalaschnikow schützend begleitet, über diesen Fremden aus Deutschland?

Ich habe gelernt, meine Ungeduld einzuordnen.
Ich bin sie nicht losgeworden.
Aber die Begegnungen haben mich zurückhaltender gemacht.

Es gibt nicht die schnelle Lösung.
Ich habe nicht recht.
Ich will auch nicht recht haben.
Ich muss auch nicht recht haben.
Recht haben ist keine Kompetenz eines Menschen, der professionell andere ein Stück Wegs begleitet auf deren Heimweg.

Da sagt mir einer: Nein, ich brauche sonntagsmorgens den Gottesdienst in der Kirche nicht. Ich gehe in den Wald – und dort begegne ich meinem Gott.
Jetzt kann ich anfangen zu streiten und recht haben zu wollen.
Ich kenne gute Gründe, die dagegen sprechen.
Aber nein, so eben nicht.
Ich werde einen Sonntagmorgen finden, an dem ich nicht Gottesdienst zu halten habe, und werde mich mit ihm verabreden.
Ich werde ihm sagen: Ich möchte erfahren, was du erfährst, wenn du dort im Wald Gott begegnest.
Eines Tages gelingt es: Ich gehe mit ihm in den Wald. So wie ich mit dem Muslim in seine Moschee gehe und mit dem Buddhisten zum Anbrennen seiner Räucherstäbchen vor seinen farbenfrohen Tempel. Was soll mich daran hindern? Und danach reden wir und tauschen uns aus.

Ich mache mich mit ihm auf den Weg.
Das erfordert eine ganz andere Kirche als bisher.
Kirche ist nicht mehr das »Ziel«. Kirche ist der »Weg«.

Jörg Zink hat Jesus seinen »Wegbruder« genannt. Ich nenne ihn gerne »Bruder Gott«.

Bruder Gott sagt:
Selig der eine und die andere,
die gegen den Strom geschwommen sind.
Selig der eine und die andere,
die sich müde geschwommen haben.

Selig der eine und die andere,
die mir ihr Leid geklagt haben.
Selig der eine und die andere,
denen nicht gelungen ist,
was sie sich vorgenommen haben.
Selig der eine und die andere,
die am eigenen Anspruch scheiterten.
Selig seid ihr,
hungrig auf Gerechtigkeit.
Selig seid ihr,
verfolgt von Gewissensbissen.
Selig seid ihr,
die ihr verbohrt seid in falsche Gedanken,
die ihr klebt an euren Träumen.
Selig seid ihr,
die ihr fragt
und keine Antwort findet.
Selig seid ihr,
die ihr zweifelt
und noch einmal zweifelt.
Selig seid ihr,
dir ihr –
den Kindern gleich –
vertraut und noch einmal vertraut.
Selig seid ihr,
die ihr erschrocken seid.
Denn ihr versteht,
was es wirklich heißt,
wenn ich sage:
Alles wird gut.
Sagt Bruder Gott.

Boeing 777 und ein Mittelplatzprotestant

Wer wahrhaftig ist, der sagt offen, was recht ist;
aber ein falscher Zeuge betrügt.
Sprüche 12,17

Er ist ein Zeuge.
Ein als konservativ verschriener Professor der Heidelberger Universität hat mir Achtundsechziger wohl nach vielen Sendungen in Rundfunk und Fernsehen einem katholischen Mitbruder gegenüber das für mich größtmögliche Kompliment gemacht.

Auf dem Rückflug einer Reise nach Indien erhielt ich im Tohuwabohu nach dem Canceln aller »Dreamliner« einen Mittelplatz (17B) in der linken Reihe einer alten Boeing 777. Einer sehr alten Boeing. Die hochmodernen Dreamliner waren alle aus dem Verkehr gezogen.

Mittelplätze sind nicht so begehrt, aber ich hatte wenigstens für viele Stunden etwas mehr Beinfreiheit. Links neben mir saß ein etwa 20-jähriger Inder, er studiert in Kassel, rechts neben mir ein – wie er selbst sagte – »Anglo-Inder«, Vater Engländer, Mutter Inderin. Der Student links las in einem E-Book »Harry Potter«, der etwa Vierzigjährige rechts las ein englisches Buch mit vielen Bildern über »Hinduismus«. Ich selbst las Suzanne Joinsons »Kashgar oder mit dem Fahrrad durch die Wüste«.
Der Inder links suchte nach zwei Stunden verzweifelt nach einem Film. Ich schaute staunend auf die zu keinem Zeitpunkt stimmende Flugroute am Minibildschirm. Der Anglo-Inder schlief.
Da es keine Filme gab, der Passagier-Computer den Geist aufgegeben hatte, der beste Schlaf bei einem Neun-Stunden-Flug

doch nur Illusion ist, setzten wir im Halbdunkel einer relativ maroden Boeing die anfangs begonnenen Gespräche fort.
Auf einem Mittelplatz ist man ausgeliefert. Links eher zurückhaltend freundlich, rechts eher »dauergesprächsbereit« unterhielten wir uns dreisprachig: auf Englisch, Französisch und Deutsch. Der Inder links brachte seine erlernten Deutschkenntnisse an, der Halbinder rechts sprach Französisch, weil ich anfangs erzählt hatte, dass ich eigentlich diese Sprache mehr mag als das Englische.

Über dem Kaspischen Meer hatte auch ich die Augen geschlossen, über dem Balkan wurde es intensiv, über Prag eher kritisch. Denn mein rechter Sitznachbar meinte freundlich, einen »protestantischen Pastor« habe er sich doch anders vorgestellt. Dabei hatte ich mir alle Mühe gegeben, auf Französisch-Englisch-Deutsch so simple Fragen zu beantworten wie: warum Gott – wenn es ihn gäbe – all das Elend zuließe. Und der Anglo-Inder rechts hatte viele Beispiele. Er ließ sich nicht auf menschliche Schuld – »... und was sagen Sie zu Erdbeben und anderen Naturkatastrophen« – oder gar auf den Teufel – »... warum löscht ihn Ihr Gott nicht einfach aus, wenn er Gott ist« – ein. Wobei er (der Anglo-Inder) meine Antworten in der Regel zum Ausgangspunkt einer französischen Antwort und neuen Frage nahm, die ich auch nur zu zwei Dritteln verstand. Erst als ich ihm erzählte, dass ich seit Jahren an Tinnitus leide und leider auf dem rechten Ohr nicht mehr so gut höre wie auf dem linken, ließen seine Fragen nach.
Als wir – nachdem an der deutsch-tschechischen Grenze der Bildschirm wieder seine Arbeit aufgenommen hatte, mein linker Nachbar das Ende eines Filmes anschauen konnte und ich erfuhr, dass wir (nach knapp 8 Stunden Flug) vor knapp einer Stunde erst gestartet waren und noch etwa 1½ Stunden zu fliegen hätten – uns Frankfurt näherten, wurde er ruhiger und vertiefte sich in seine Hinduismus-Lektüre.

Der Flug endete etwa 40 Minuten früher als erwartet. Vollkommen überraschend meinte der Kapitän, wir sollten … Und wir taten.
»I'm a seeker« – hatte mein rechter Nachbar gemeint. Ich bin ein Suchender. »I'm a seeker too«, meinte ich. Keine Ahnung, ob das im Englischen korrekt ist.
Darauf seine freundliche Reaktion: »Pourquoi tu ne proteste pas? Tu es un protestant!« Er meinte, ich solle gegen Gott protestieren, der all das Elend doch zuließe. Ich sei doch ein »Protestant«.

Dem Studenten links gab ich am Ende meine Karte mit einer ganz herzlichen Einladung, wenn er mal in die Nähe von Heidelberg käme. Dem Anglo-Inder rechts rief ich, schon im Gehen (er flog weiter nach Paris und blieb sitzen), ein liebes »au revoir« zu. Beides wird wohl wenig fruchten.

Beide hatten neun Stunden lang einen »protestantischen Pastor« erlebt, dessen »Zeugnis« weder zum Protest gegen Gott noch zum Protest für Gott taugte. Ich schiebe es auf die Übersetzungsprobleme.

Vielleicht hätten die Italienerinnen hinter uns beredter geantwortet. Sie hätten uns ein »Benedetto!« entgegengeschleudert, gar ein ausführliches »Io credo in Dio, Padre onnipotente, creatore del cielo e della terra; e in Gesù Cristo, suo unico Figlio, nostro Signore, il quale fu concepito di Spirito Santo, nacque da Maria Vergine …«.
Unser Jubel-Jahr kommt erst 2017, der ökumenische Dialog fröstelt und viele sind frühjahrsmüde.
Was war, das war.
Was ist, das ist.
Und was wird, steht in Gottes Hand.
Und so bleibt mein interreligiöser Dialog über den Wolken unvollendet.

Beim Staunen bleiben

Hole mich weg
aus dem Elend der Selbstverständlichkeit.
Führe mich in die Welt der großen Augen,
der offenen Hände und der weiten Herzen.
Ich möchte staunen können wie ein Kind.

Ich möchte Wunder Wunder nennen können
und in die Hände klatschen
vor Freude über eine Liebe.
Entzünde in mir
ein Feuer des Staunens.

Ah! Whow!

Siehe, der Himmel und aller Himmel Himmel
und die Erde und alles, was darinnen ist,
das ist des HERRN, deines Gottes.
5 Mose 10,14

Ist doch immer das Gleiche!
Patrick, 14 Jahre, bei einer Konfirmandenfreizeit nachts unter offenem Himmel.

Ein Meister der Meditation sagt: »Hast du bemerkt, wie die Kieselsteine der Straße nach dem Regen sauber und glänzend sind? Wahre Kunstwerke! Man kann nur ein bewunderndes ›Ah!‹ ausrufen. Du musst das ›Ah!‹ der Dinge verstehen!«

Ich war beim Wiederaufbau eines buddhistischen Tempels in Tibet dabei. Ich sah, mit welcher Freude und Farbigkeit die Handwerker zu Werke gingen. Ein Architekt zeichnete. Ein Kundiger mischte Farben. Dritte bauten Gerüste auf. Vierte malten. Die Arbeit war ein Fest. Jeder Pinselstrich ein Gebet – so mein Eindruck. Jede Zeichnung auf dem Papier eine Anbetung.

Kann ich von Gott so reden, wie ich über einen Sonnenuntergang oder die Augen meiner Freundin rede?
Die Bibel tut es.

Der Mensch sieht staunend, wie in Gottes Hand aus Chaos Kosmos – »Schmuck« –, wie aus Tohuwabohu ein Raum des Segens, ein Ort der Liebe wird. Das »Ah« der Dinge.

Ich habe großen Respekt vor allen religiösen Versuchen, den Glanz Gottes zu übersetzen für Menschen, deren Zeit begrenzt und deren Leben oft genug dürftig ist.

Dabei ist nicht nur die Schönheit unserer Gärten und Wohnungen, sondern längst auch die Schönheit des Menschen ein riesiger Markt.
Hängt die Liebe nicht auch an der Schönheit des Menschen, den wir lieben?
Das hat nichts mit Körbchengröße oder Dreitagebart zu tun. Das fängt bei den Augen an. Reicht über die Stimme bis zum Gang der Geliebten. Wir lieben die Schönheit derer, die wir lieben.

Wir wissenschaftlich »aufgeklärten« Europäer betrachten die Dinge gerne aus der Distanz. Es ist die Größe des Menschen, dass er auf Distanz gehen kann zu den Dingen. Es ist die Tragik des Menschen, dass er beim Zoomen das Staunen zu verlernen scheint.

Gott liebt. Und nun ist es nicht maßlos oder anmaßend, wenn ich sage:
Ich liebe dich auch, Gott.
Der Mensch ist das Wesen, das Gottes Herz schlagen hört in der Liebe des Mannes aus Nazareth, im Pulsieren der Milchstraßen und Ewigkeiten, im Öffnen und Schließen eines Blütenkelches. Ich staune über das Kommen und Gehen der Ozeane, über das übermütig-fröhlich-sonnige Spiel eines Schmetterlingspaares oder über das tanzende Spiel der Moleküle und Atome. Religion ist zuallererst Staunen über das »Ah« der Dinge.

Wir sind »geschaffen«, Gott zu genießen. Ich kann »Gottes Charme« spüren, wenn Jona, einer unserer Enkel, mich anlacht und wie ein Schelm grinst.
Und wenn ich die Bibel recht verstehe, dann genießt Gott gelegentlich auch uns. Hat seine helle Freude an deinen Augen. Hat seine helle Freude an der Liebe von euch Liebenden und an der Schönheit, die aus Zimmern und Gärten strahlt.
»An der Schönheit der Geschöpfe wird ihr Schöpfer erkannt«, heißt es im biblischen Buch Weisheit.[11]

Ich sammle Steine, Mineralien. Am Wegrand – wenn ich unachtsam vorbeigehe und ihn nur oberflächlich betrachte – nichts als ein Klumpen Erde. Jemand hat sich gebückt, hat diesen Brocken Stein aufgehoben und schließlich geöffnet. Er birgt eine große Kostbarkeit. Eine Geode. Er stammt vom Berg Horeb, von Moses Berg.– Ein anderer Stein, fast ein großer, flacher Kiesel. Einer hat sich gebückt, hat diesen Stein aufgehoben und geahnt, dass er ein Wunder birgt. Er hat ihn nicht zerschlagen, er hat ihn gekonnt geöffnet. Er birgt ein Wunder des Lebens. Das Blatt eines Farns. Millionen Jahre alt.
Ein simpler Stiefeltritt, und kleine Wunder sind zerstört.

Nicht anders ist es mit der Seele des Menschen. Wer ihr mit Stiefeltritten, Spatenstichen oder mit der Brechstange begegnet, wird sie verletzen, wird ihr die Schönheit rauben, wird ihren Glanz zerstören.

Immer, wenn du der Fülle begegnest, fühlst du dich zuerst einmal ganz klein.
Doch dann wirst du die Bilder des Glanzes so tief in dich aufnehmen, wie man nach einem Regen die frische Luft tief einatmet.

Und du bist nicht mehr klein. Du trägst die Bilder der Fülle in dir. Begegnungen mit Gottes Glanz. Und aus dieser Wucht und Zärtlichkeit Gottes strömt ein Glanz in deinen Alltag und macht ihn schöner.

Schön sein kann eigentlich nur Gott.
Ich liebe Simone, meine Frau. Sie ist und bleibt für mich schön.
Ich liebe unseren Garten, die Rosen und die Steine aus vielen Ländern.
Protestanten sind sonst eher kritisch. Protestanten sind eher Bedenkenträger. Geht es um Schönheit, dann fällt uns gleich ein »Aber« ein. Martin Luther hat solche »Abergeister« vertreiben wollen. Kein Wunder, wenn uns der Glanz fehlt, wenn

unsere Gottesdienste nicht selten magere, trockene und ermüdende Veranstaltungen sind.

Die Erde ist schön. Wenn wir das nicht gemeinsam entdecken, wird sie am Ende wieder tohowabohu.
Du bist schön. Wenn wir das nicht schätzen, wird der Mensch am Ende wieder gestaltlose Masse.

Nehmt das Wunder »Gott« leicht.
Traut nicht den Miesmachern.
Gebt euch nie zufrieden mit dem Machbaren.
Bleibt Menschen, die so horchen, wie ein seit fünf Tagen Verschütteter unter Tag auf Hilfe »horcht«.
Die schleichende geistliche Impotenz ist eine flächendeckende Krankheit in unseren Kirchen. Wehrt euch dagegen.
Tue, was du spürst.
Dann ist es gut.

Fülle

Siehe, Herr, ich bin ein leeres Gefäß, es bedarf sehr, dass man es fülle.
Martin Luther[12]

Du tust mir kund den Weg zum Leben:
Vor dir ist Freude die Fülle und Wonne zu deiner Rechten ewiglich.
Psalm 16,11

Wer immer der Fülle begegnet, ist zutiefst berührt.

Die Architekten der gotischen Kirchen versuchten die Fülle des Lichtes zu übersetzen ins Irdische. Mit hohen, schlanken Fenstern. Mit weit nach oben gezogenen Schiffen und Türmen. Die Farben des Buntglases, die Lichtbrechungen zu den verschiedenen Tageszeiten, der Klang des Raumes – der Körper schwingt in einem solchen Raum ganz anders. Fast automatisch wirst du leiser, bedachter, ruhiger, gewisser. Was sind die Gebäude, die man heute Kirchen nennt, ein schwacher Abglanz dieser Fülle. Heute fehlt es an Geld, vielleicht auch an Tiefe, um ähnliche Orte der Begegnung mit der Fülle des Lichts zu schaffen.
Bei jedem Gipfel eines Gebirges, den du im Urlaub besteigst, bei jedem Anblick des Meeres – wenn du nicht wie eine Ölsardine unter anderen Bratheringen am Strand liegst –,
bei jedem hörenden Blick in die geniale Kunst eines Peter Tschaikowsky, eines Johann Sebastian Bach, eines Vincent von Gogh oder Martin Dürer.
Bei jedem Blick auf eine Handvoll Erde durch ein dreidimensionales Mikroskop, mit jedem Betrachten eines klaren, grandiosen Sternenhimmels im Sommer, was immer ich noch aufzählen könnte. Es ist eine Wucht: Immer, wenn du der Fülle begegnest, fühlst du dich zuerst einmal klein, arm, weniger begabt.
Und wenn du dann liebe Menschen um dich hast, wenn du langsam nach der Begegnung mit der Fülle wieder zur Besin-

nung kommst, dann wirst du die Bilder der Fülle aufnehmen, so tief in dich aufnehmen, wie man nach einem Regen die frische Luft tief einatmet.
Und so wachsen in dir Bild an Bild, Klang an Klang, Geruch an Geruch. Und du bist nicht mehr arm. Du trägst die Bilder der Fülle in dir. Begegnungen mit Gottes Geheimnis. Begegnungen mit der Gnade. Und in dir wächst das Staunen und die Dankbarkeit. Und wird dir zum Trost.

Nimm ein großes Holzgefäß und fülle es randvoll, es verliert seinen schönen Klang. Nimm einen Menschen und stopfe ihn voll mit Wissen und Haben und Sorgen, mit zwanzig Fernsehkanälen und zehn Urlaubsprospekten. Er klingt nicht mehr. Er kann dir nicht mehr zuhören. Wie beim eisernen Heinrich im Froschkönig sind eiserne Bänder um sein Herz gelegt, und bündelweise Kontoauszüge und Versicherungspolicen vor die Augen und Lärm in den Ohren. Und schlägt irgendetwas ein Loch in seine Mauer, dann bricht alles aus ihm heraus.

Eine Ameise weiß von ihrer Sterblichkeit nicht, und ein Stein grübelt nicht über woher und wohin. Ein Baum wächst, gibt Frucht und vergeht eines Tages. Nur wir Menschen meinen, weil wir uns dessen bewusst sind, wir seien der Mittelpunkt und das Maß. Dabei hat uns Gott nur ein anderes Fenster geöffnet zu seiner Fülle. Und in Jesus Christus mit allen und allem eine Tür gewiesen.

Gott ist in einer gewaltigen Fülle um uns. Die Einsicht in unsere Grenzen ist eine Gnade. Und Gott macht gesund, die der Heilung bedürfen.

Das glückliche Wort

Ich bin das A und das O,
der Erste und der Letzte,
der Anfang und das Ende.
Offenbarung 22,13

Du hast überhaupt nichts kapiert.
Olivia, 13 Jahre alt, Konfirmandin, bei einem Spiel

Lange habe ich Theologie so betrieben, dass ich in den einzelnen Sätzen und Gedanken den Sinn und die Orientierung, das Verständnis für Gottes Wirken und die Antwort auf die Fragen meines Lebens und der Welt um mich suchte.

Ich habe wie Hunderttausende anderer seit der Aufklärung die Bibel so behandelt, wie ein Pathologe einen toten Körper behandelt, wohl in Ehrfurcht, aber auf der Suche nach dem Detail, nach dem einen Nerv. So wie der Biologe im Elektronenmikroskop auch nicht mehr die ganze Blüte sieht, geschweige denn die Pflanze, sondern das eine Detail des Fruchtknotens, die eine Faser, die Wasser trägt Tag für Tag von der Wurzel in die Blüte. So habe ich einzelne Stellen der Bibel danach befragt, habe den Nerv gesucht, habe verglichen und nach der Zeit gefragt, in der ein Text entstanden ist. Habe auf diese Weise taugliche Predigten gehalten und dabei sicherlich auch viel Richtiges gesagt und in Büchern geschrieben.

Je älter ich werde, umso mehr entgleitet mir all das, was man durch Wissen und durch eigenes Können, durch Klugheit oder durch Begabung »haben« kann. Mehr und mehr bin ich darauf angewiesen, dass man mir das »gute Wort« sagt.

Der zweite Mann der evangelischen Kirche in China – dort gibt es ja mehr evangelische Christen als in Deutschland – Pfr. Yu Xinli – erzählte bei einer unserer mehreren Begegnungen in Peking von einem Bruder, der nachts nicht schlafen konnte, weil er es sich zur Aufgabe gemacht hatte, mindestens einem Menschen am Tag »das glückliche Wort« zu sagen. Jedenfalls so übersetzte es unser Freund Yang.
Er stand noch einmal auf und ging auf die Straße. Aber da war niemand mehr. Er ging auf den Platz. Da war in der Dunkelheit auch niemand mehr. Schließlich setzte er sich auf die Toilette. Denn die Menschen in den Häusern hatten keine eigene Toilette. Und so musste mit Bestimmtheit in der Nacht ein Mensch vorbeikommen. Dem würde er das »glückliche Wort« dann sagen. »Das glückliche Wort« – so hatte unser Freund Yang übersetzt. Erst mit der Zeit kam mir, dass Pfarrer Yu in seiner Sprache »Evangelium« gesagt hatte. Eangelion, gute Nachricht. Aber ich fand Yangs Übersetzung sehr schön: »Das glückliche Wort«. Ich bin mehr und mehr darauf angewiesen, dass mir das »glückliche Wort« gesagt wird, überzeugend, nah, ehrlich, glaubwürdig.

Das ist in der Tiefe das Geheimnis der Kirche. Deshalb ist Religion keine Privatsache. Ich kann mir »das glückliche Wort« nicht selbst sagen. Ich kann mir tausend Briefe schreiben – ich kenne meine Tricks. Ich kann mir tausendmal einreden: Da ist ein Gott. Da ist ein Gott, da ist ein Gott.
Ich kenne meine Zweifel.

Das glückliche Wort, das biblische Wort, das befreiende Wort muss mir ein anderer sagen. Und alle die, die sich das glückliche Wort gegenseitig zumuten und schenken, die sind zusammen die Kirche.

Weg. Weite. Übung. Gott. Mensch

Wir wissen, dass wir von Gott sind,
und die ganze Welt liegt im Argen.
1 Johannes 5,19

Bitte wenden!
Drehen Sie wenn möglich um!
Unser Navi

Da ist ein Weg,
den ich gehen möchte.

Da ist eine Weite,
zu der ich einlade.

Da ist ein Übung,
die sich lohnt.

Da ist ein Gott.
Er schreibt nicht auf kleinen Karos.

Da ist ein Mensch.
Er geht aufrecht.

Schlaffe Hände

Vergiss mich endlich!
Svenja, 38 Jahre alt, nach einer »Scherbenehe«

Eine Frau, die ihren Mann nicht glücklich macht,
lässt seine Hände schlaff werden und lähmt seine Knie.
Sirach 25,31

Es ist einige Jahre her, da fand man – was weiß ich wo – in Israel einen Scherbenhaufen. Lauter einzelne kleine Nachrichten, Briefe, Kommentare des Zeitgeschehens. 6. Jahrhundert, sagen die Kundigen. Als Jerusalem belagert war von babylonischen Truppen. Vor 2.500 Jahren. Ein Kommentar, eine Nachricht, eine Tonscherbe hat es mir besonders angetan. Auf ihr steht:

»Leute gibt es, die die Hände des Landes und der Stadt schlaff machen.«

Wer sind diese Leute?
Die Ehrlichen, die die Zahlen nicht beschönigen. Die Kriege beklagen und den Hungertod anprangern?
Die Ehrlichen, die sagen, in uns Menschen stecke ein großartiges Potenzial, nur würden wir es nicht nützen?
Die Ehrlichen, die die Hände in den Schoß legen und beten?
Die Ehrlichen, die von Gottes dennoch wunderbarer Welt und von der vollendeten Schönheit einer Rose schreiben?
Die Ehrlichen, die sich zusammentun und der Welt der Händler den Kampf ansagen?

Mit den Jahren bin ich ein Zweifler geworden, was die menschlichen Fähigkeiten anbelangt. Menschen hassen. Menschen töten und Menschen machen zunichte.

Ebenso staune ich mit den Jahren über das, was Menschen vermögen, wenn sie lieben.
Menschen erfinden.
Menschen träumen.
Menschen gestalten.

Selbst der sonst eher skeptische Apostel Paulus meint, die Kreatur warte darauf, dass sich die Menschen endlich als das erweisen, was sie sind: Kinder Gottes. Trotz aller Vorbehalte: Der Mensch hat eine Verheißung.

Wer mit den Augen Gottes sieht, sieht in das Herz der Dinge, legt die Trauerkleider ab, geht an die Arbeit oder tanzt, kämpft oder singt, spielt oder schweigt –
sucht, was dem Leben dient.

Ich möchte der Resignation widersprechen und sagen:

Da ist Leben im Schweigen.
Da ist Ruhe im Protest
Da ist Weite im Streit
und Klarheit auf dem Umweg.
Da ist eine Verheißung.
Und der will ich mich öffnen.

Herzensgebet

Was soll Beten? Jeder spricht – niemand hört!
Veronika, 37 Jahre alt, Ehefrau eines verstorbenen Krebspatienten

Darum sollt ihr so beten:
Unser Vater im Himmel! Dein Name werde geheiligt.
Matthäus 6,9

Das »Herzensgebet« ist uns bekannt aus alten Überlieferungen, vor allem aus der orthodoxen Kirche.
Es gibt keinen einheitlichen Gebetstext.
Stets wird der Name Jesu angerufen.
Mögliche Formulierungen sind:

Herr Jesus Christus.
Jesus Christus.
Jesus.
Christus Jesus.

Nach der Anrufung des Namens Jesu kann eine Bitte um Erbarmen angeschlossen werden. Mögliche Formulierungen sind:
Herr Jesus Christus, erbarme dich meiner.
Herr Jesus Christus, (du) Sohn Gottes, erbarme dich meiner.
Herr Jesus Christus, (du) Sohn Gottes, hab Erbarmen mit mir (Sünder).

Statt der Bitte um Erbarmen kann auch eine Bitte um Hilfe geäußert werden. Mögliche Formulierungen sind:
Herr Jesus Christus, steh mir bei.
Herr Jesus Christus, (du) Sohn Gottes, steh mir bei.
Heiligstes Herz Jesu, sei meine Rettung.

Auf dem Athos sprechen die Einsiedler das sogenannte kleine Jesusgebet:
Κύριε Ἰησοῦ Χριστέ, υἱὲ τοῦ Θεοῦ, ἐλέησόν με. (Herr Jesus Christus, Sohn Gottes, erbarme dich meiner.)

Die Praxis des Jesusgebetes kann auf der Grundlinie geschehen, die schon die Kirchenväter vorgegeben haben: Dabei geht es darum, sich zu bemühen, rein und ununterbrochen betend den Atem durch die Nase ins Herzinnere einzuführen und sich dabei einzig auf die Worte des Gebetes zu konzentrieren, sie zu meditieren und im Denken zu umkreisen.

Traditionell (nach dem Vorbild des russischen Pilgers) erfolgt die Einübung in drei Schritten, die bei den meisten Menschen jeweils mehrere Jahre dauern werden:
häufiges mündliches Rezitieren,
innerliches Beten und
selbständiges Beten im Rhythmus von Atmung und Herzschlag.

Meine Anregung als persönliches, mehrmals zu wiederholendes »Herzensgebet«:

Jesus Christus
nimm das Böse.
Heiliger Geist,
gib mir die Weisheit.
Gott Vater,
reiche mir die Hand.

Ein Lied für die Knospe am Zweig

Bäh! Die sind noch nicht reif!
Linus, 13 Jahre alt, vor einem Strauch von Schlehen auf dem Katzenbuckel

Ich bin hinabgegangen in den Nussgarten,
zu schauen die Knospen im Tal,
zu schauen, ob der Weinstock sprosst,
ob die Granatbäume blühen.
Hoheslied 6,11

Ein Lied für die Knospe am Zweig,
ein Gedicht für den Abendwind,
ein Lachen für den Vogel im Geäst,
ein Ja zu jedem Kind,

ein Schrei gegen jede Gewalt
und ein Flüstern dem jungen Ohr,
ein Spiel dem Regen, der die Erde tränkt, dem Leben,
das uns Gott schenkt, einen Chor.

Nimm die Flöte, spiel ein leises Lied dem lauten Tag. Er hört
eben ganz auf seine Weise. Wenn er dich am meisten stört,
schenk ihm deine Lieder, er wird hören,
er wird schweigen, er wird singen mit dir.

Sing ein Lied und sing es ein Gebet lang für die kranke Welt,
der dein Lachen, der dein Mut und der dein Lied seit Langem
fehlt,
schenk ihr deine Liebe, sie wird hören,
sie wird schweigen, sie wird leben mit dir.

Über die Brücke gehen

Da ist ein Ort,
an dem du mich siehst.

Da ist ein Klang,
in dem du mich hörst.

Da ist ein Bild,
in das du mich fügst.

Da ist eine Weite,
die du mir schenkst.

Ein Weitwinkelort.
Du Weitwinkelgott.

Über die Brücke gehen

Du Elende, über die alle Wetter gehen, die keinen Trost fand!
Jesaja 54,11

Trost ist Liebe und Mitgefühl.
K., in einem Trostbuch nach einem Gottesdienst

70 oder 80 Jahre waren in biblischer Zeit ein kaum vorstellbares Alter. Jedenfalls für die Normalbevölkerung. Die israelitischen Könige starben in der Regel nicht einmal 50-jährig. Das dürfte die Lebenserwartung damals gewesen sein. Heute werden Menschen bald doppelt so alt. Was für eine Wucht. Was für ein Geschenk!

Was dem einen ein Segen, scheint allerdings dem anderen und seinen Verwandten ein Fluch.
Die Bibel ist ein ehrliches Buch. Nichts wird beschönigt, nichts wird ausgeklammert. Auch heute würde sie erzählen von Kriegen, Fluchten, von Geburten und Wünschen.
Heute würde die Bibel staunen, wie alt in vielen Ländern die Menschen werden. Und würde klagen über ein Phänomen, das sich mit zunehmender Lebenserwartung offensichtlich ergibt: Ich meine die Demenz.

Jeder erfährt das Älterwerden anders. Mit dem Alter ist es wie mit Geburt und Tod: Das kann mir keiner abnehmen. Das ist ganz meine Sache. Und doch: Je älter ich werde, wird auch mein Alter zu einer Angelegenheit anderer.
Zurzeit leiden in Deutschland etwa eineinhalb Millionen Menschen an mittelschwer und schwer ausgeprägten Demenzerkrankungen. Wie damit umgehen? Wie angesichts eines verdunkelten Lebens nicht verzweifeln, sondern lieben? Wie geht das?

Arno Geiger schreibt in seinem autobiografischen Buch »Der alte König in seinem Exil«: »Für meinen Vater gibt es keine Welt außerhalb der Demenz. Als Angehöriger kann ich deshalb nur versuchen, die Bitterkeit des Ganzen ein wenig zu lindern, indem ich die durcheinandergeratene Wirklichkeit des Kranken gelten lasse. Da mein Vater nicht mehr über die Brücke in meine Welt gelangen kann, muss ich hinüber zu ihm.«[13]

Ich bin angewiesen auf Liebe.
Es kommt die Zeit, da ich nicht mehr kann, wie ich will. Es kommt die Zeit, da nichts mehr geht, wie es früher ging. Es kommt die Zeit, in der ich angewiesen bin auf Liebe, wie früher als Kind.
Einer gibt dem anderen die Hand. Eine reicht der anderen den Arm. So ging das seit Jahrtausenden.

War hier Vergessen, war dort Erinnern.
War hier Schwäche, dann war dort Kraft.
War hier Ehrlichkeit, dann war auch dort Ehrlichkeit.
Und beide haben sich ertragen.
Und das war gut so.

Das ist gut so, wenn einer den anderen ehrlich erträgt.
Dazu meint Arno Geiger, müsse man über die Brücke gehen.
Dorthin, wo der andere ist.

Und so fügt sich Arno Geigers Buch über den »alten König in seinem Exil« mit wesentlichen, ja fast biblischen Gedanken in die literarische Landschaft. Es schlägt ein Kapitel Leben aus unseren Tagen auf. Mag es das unserer Eltern sein – oder unser eigenes. Jedenfalls ist es ein Kapitel Leben, das uns angeht und der aufmerksamen Liebe bedarf, wie jedes Lebenskapitel.

Leben in Übergängen – Brückenhelfer – Handläufe – Erasmus

Es waren zwei Königskinder, die hatten einander so lieb,
sie konnten beisammen nicht kommen, das Wasser war viel zu tief.
Volksweise

Er wußte, was brücken wissen: Sie verbinden
über wasser, was unter wasser
verbunden ist
Reiner Kunze [14]

Leben ist und bleibt eine verrückte Existenzform, für die keiner von uns etwas kann; aus der keiner von uns weggeht ohne eigene und fremde Wunden. Leben ist die zeitlichste uns bekannte aller Existenzformen. Leben ist das letzte verbliebene Geheimnis. Ich hoffe, niemand kann es entschlüsseln, auch wenn viele an dem Schlüssel forschen. Was wäre gewonnen? Doch nur die nächste Frage, die ich nicht beantworten kann. Leben wird und Leben vergeht.
Beides kleiden wir in der Kirche in heilende Riten. Jeder Wechsel, jeder Übergang von heute nach morgen, von jetzt nach später, von hier nicht mehr und dort noch nicht, hat einen Übergangsritus. Das ist gut so.

Weit davon entfernt, diese wunderbaren Geheimnisse auflösen zu wollen: Ich brauche – angesichts der eigenen Rätsel – tröstliche Gedanken. Und – beim eigenen Übergang – angesichts der vielen Wechsel eines Lebens – wäre ich dankbar, wenn die Liebe meiner Frau und meiner Kinder tröstliche Worte fände, wenn diese mir ausgehen.

Simone, Simon, Christoph, Johanna und Magdalena mögen Worte oder Lieder finden, die mich begleiten, wenn ich die Straßenseite wechsle. Das ist bei dem enormen Verkehr nicht ungefährlich und auch nicht von ungefähr.
Vielleicht, dass morgen alles leichter wird?
Keiner weiß, viele hoffen, alles bleibt.
Nichts bleibt, manche hoffen, alle wüssten gern.
Keiner weiß. Geheimnis des Glaubens.

Durch diese kleine Lücke schlüpft der Teufel.
Durch diese kleine Lücke schlüpft ein Engel.
Wir haben echt die Wahl, wer herein darf.
Das macht die ganze Geschichte so spannend.
Dafür lohnt es sich zu leben.

Wir alle leben in Übergängen.
Wenige bleiben auf einer Brücke stehen.
Viele warnen vor dem Wechsel der Straßenseite.
Aber ich muss gehen – oder stehen bleiben.
Sonst überfährt mich auf der Kreuzung ein Unachtsamer.
Anders ist Leben nicht Leben.

Du bist stark genug. Geh!
Geh trösten!
Mit gebrochener Stimme;
mit pochendem Herzen;
mit zitternden Händen.
Geh!

Und morgen ist nicht alles gut. Morgen solltest du der Nachbarin ein Lied singen, dem Nachbarn eine Geschichte erzählen und mit dem Suchenden den frühen Ruf des Rotkehlchens entdecken. Und du spürst, welche Weite dir Gott zumutet. Echt verrückt!

Reiner Kunze, zu dem mich eine große, ehrfürchtige Liebe zur Lyrik, zu den wenigen, zärtlichen, abgewogenen, geläuterten Worten verbindet, hat über Erasmus von Rotterdam geschrieben:

»Erasmus von Rotterdam

Er wußte, was brücken wissen: Sie verbinden
über wasser, was unter wasser
verbunden ist

Doch das eine ufer war sumpf,
das andere feuer«[15]

Anfang bis Mitte der Reformation war Erasmus von Rotterdam aufseiten Luthers.
Dann wurde ihm, dem bekanntesten Humanisten, Luther zu aggressiv, zu emotional, zu »populär«. ... Da ist die mächtige Papstkirche mit ihrem Machtanspruch, und da ist der aufbrausende Luther mit seiner »deutschen« Reformation.
Sumpf – der römische Apparat, Feuer – der heftige Luther, der dem brennenden Johannes Hus ... nacheifert.
Erasmus bleibt auf der Strecke. Heute entdecke ich ihn wieder.

Nicht selbst größer sein wollen.
Nicht selbst Brücke sein wollen.
Dem Geheimnis sein Wunder lassen.
Schöpfung bewahren.
Türme nicht in den Himmel bauen.
Sich bescheiden.

Mehr geht nicht zwischen Sumpf und Feuer.
Aber es geht.

Abraham

Als ich nach Deutschland geflüchtet bin, hätte ich nie gedacht,
dass ihr so gut seid. Eigentlich gefällt mir dieses Land,
aber es gibt ein paar Sachen, die man nicht ändern kann:
das Heimweh, die Schmerzen, die Liebe, und natürlich
wie das Leben in der Wirklichkeit läuft.
anonym, in einem Trostbuch nach einem Gottesdienst, orthografisch korrigiert

Nimm deine Pfoten weg!
Xenia, 14 Jahre alt, zur Mutter, die sie streicheln möchte

geh
Abraham
geh

Alter ist kein Argument
das Land lädt ein
Gott gibt dir Geleit

geh
Abraham
geh

zähle die Sterne
übe die Liebe
staune ein Ziel

geh
Abraham
geh

Nun bin ich eine Brücke

Trost ist es, mir meine Untröstlichkeit zu lassen.
anonym in einem Trostbuch nach einem Gottesdienst

Nun bin ich eine Brücke, die sicher trägt.
Petra Millet [16]

Die Winde blieben nicht vor den Türen und Fenstern. Sie brachen als Stürme ins Haus und rissen Millionen mit sich in die Nacht. Die Erde bäumte sich unter dem schlimmsten aller Kriege, zerrissen alles, was einst ganz war, am Ende dieser langen Nacht, geknickt, was aufrecht stand, tot, was lebte, falsch, was als richtig galt. Wir schreiben das Jahr 1933 oder 1938 oder 1945.
Wir schreiben Theresienstadt, Dresden, Beirut und Aleppo. Wir schreiben und schreiben weiter. Sehen Wetterstürme Schneisen schlagen in Städte und Wälder. Sehen Bomben fallen, Häuserviertel bersten, Mütter und Väter verzweifeln.

Ich vermute, der Tod in seinen vielen Gestalten ist nicht nur bei Hiob, sondern auch heute nicht minder der Grund für gegenseitiges Hauen und Stechen. Was Wunder, wenn der Glaube nach all dem, was geschehen ist und geschieht, mitten in Europa, in dem selbsterklärten irdischen Wohlstandsparadies, wenn der Glaube dem nicht standgehalten hat. Menschen haben die Fronten gewechselt, wollen nicht zu den Verlierern zählen, wollen »rausholen«, was rauszuholen ist aus dieser kurzen Spanne Leben. Und das wird dann gnadenlos. Das geht nur auf Kosten anderer. Und so entstehen dann Baumstümpfe. Wenn einer den anderen nicht mehr hält und schützt, wenn Wurzeln nicht mehr ineinandergreifen und einer des anderen Wetterseite abdeckt, dann hat es ein Sturm leicht, nicht nur bei Bäumen.

Unter der Fassade mehr und mehr Abgebrochene, Schwachgewordene, Abgeschlagene. Ihnen ist auch ein mächtiger Gott, ein großer Gott, der im Sturm sich zeigt und die Erde beben lässt, kein Trost. Wenn überhaupt, suchen sie nach einem Trost, der sich wie Tau auf alle Müden legt, und nicht wie Gewitterregen den noch schwachen Trieb zerhaut. Sie suchen, wenn überhaupt, nach einem Gott, der den glimmenden Docht nicht auslöscht und das geknickte Rohr nicht bricht.
Es ist heute mehr und mehr, nachdem die Stürme mal von hier nach dort und mal von dort nach hier so vieles niedergewalzt haben, bei der Frage nach dem Sinn, bei der Frage nach dem Leben, bei der Frage nach Gott der Gott gefragt, der in den biblischen Bildern, die mit dem Garten verbunden sind, aufleuchtet. Der Gott, der unser Leben umfriedet. Der Gott, der uns Leben – schenkt. Der Gott, der alles Starke lässt, um dem Geschwächten nachzugehen, bis vor die Stadt, wo die Aussätzigen leben.

Die 17-jährige Petra Millet schreibt eine Parabel:
»Ich war ein entwurzelter Baum, der auf einem leeren Feld lag. Ich hatte zu nichts Verbindung, weder zum Erdreich noch zum Himmel. Ich war nutzlos, unfruchtbar. Meine Krone ragte ins Leere, ebenso wie meine Wurzeln, und ich verdorrte. Da kam einer, schlug das, was vertrocknet war, ab und legte das, was übrig blieb, den reinen Stamm also, über einen Abgrund. Nun bin ich eine Brücke, die sicher trägt.«[17]

Rückzug ins Schneckenhaus

Wir bitten Tag und Nacht inständig,
dass wir euch von Angesicht sehen.
Paulus nach 1. Thessalonicher 3,10

Glotz' dich weg! Verpiss dich, du Wichser!
Paula, 15 Jahre alt, auf dem Schulhof

Es gibt – wahrscheinlich eher ein europäisches Phänomen – einen Rückzug ins nationale Schneckenhaus. Spirale um Spirale ziehen sich alle weiter zurück in die scheinbar bergenden Grenzen.

Eingeweide, Lunge und Herz der Völker werden wie bei einer Weinbergschnecke verborgen unter einer wachsenden Schale. Bei der Schnecke aus Kalk. An den Grenzen aus Maschendraht, Grenzzäunen und günstigenfalls Videoüberwachung.
Die offenen Grenzen – das »Schengen-Interim« Europas, mehr war es dann doch nicht – gehören der Vergangenheit an. Und ich vermute, dass die vielen Flüchtlinge nur der willkommene Anlass waren, fühlte man sich doch eh nicht ganz so wohl in der Haut angesichts der vielen Fremden, lange vor dem Massenelend in Syrien. Nein, eine »Nacktschnecke« wollte man nicht sein.

Der Rückzug der Nationen hinter eine gesicherte Grenze trägt in unserem Land längst auch individuelle Züge. Der Mantel wird wieder aus dem Schrank geholt, nicht nur im Winter. Blicke werden scheel. Gespräche und Worte verletzen.

Gelegentlich fahre ich am Abend an einem Fitnessstudio vorbei, sehe Frauen und Männer auf Fahrrädern strampeln, mit sturem Blick auf das kleine Display ihres Fitnessgerätes. Manche haben ein Handtuch um den Hals, andere tragen Leibchen mit dem Nike-Zeichen, Dritte wischen sich gerade den Schweiß. Vielleicht ist der Blick ins (gequälte? befreite?) Gesicht des anderen verpönt. Ich sehe sie unter die Dusche gehen, in die Umzugskabine und in den Aufzug, der sie ins Auto bringt. Jeden und jede für sich. Privatissime.

Ich lobe mir, was meine Frau erzählt. Sie ist Übungsleiterin für Reha-Sport und dabei offensichtlich erfolgreich. Ihre Gruppen werden größer, und es werden immer mehr.
Vielleicht liegt es daran, dass bei ihr die Einzelnen etwas zu lachen haben. Mal über sich selbst, mal mit anderen. Keiner nimmt dem anderen etwas weg. Sie erleben sich als Gruppe, als Organismus. Die eine kann dies besser, der andere das. Und bei allem »herrscht« eine gesunde, die Gesundheit fördernde Mischung aus Ansporn und Humor.

Ich lese im Internet, dass das Leben von Nacktschnecken etwa ein Jahr umfasst. Andere Schneckenarten – mit Mantel und Gehäuse – kämen dagegen auf bis zu dreißig Jahre. Das mag für Schnecken gelten, aber nicht für Menschen.

Ein Leben in wenigen Sätzen

Gehofft. Gekämpft. Verloren.
aus Todesanzeigen

… gekreuzigt, gestorben und begraben,
hinabgestiegen in das Reich des Todes,
am dritten Tage auferstanden von den Toten
Apostolisches Glaubensbekenntnis

Von einem ägyptischen Pharao lese ich als Lebensbilanz auf seinem Grabmal: »Er regierte 15 Jahre mit der Waage der Gerechtigkeit. In seiner Regierungszeit litt kein Bewohner des Landes Hunger.«[18]
Keine Angabe über die Regierungsform, keine Feldzüge und Handelsabkommen, keine Heldentaten, keine Kriege und keine stolzen Bauten, keine große Veränderungen. Nur diese wenigen Bemerkungen: »Er regierte 15 Jahre mit der Waage der Gerechtigkeit. In seiner Regierungszeit litt kein Bewohner des Landes Hunger.«

Was bleibt von uns? Viele glauben, das lässt sich mit einem Testament erledigen. Ein Testament ist ein Zeugnis, ein Zeugnis über mein Leben. Was ist das für eine Armut, wenn am Ende nur über ein Haus, zwei Sparbücher und die Grabpflege gesprochen wird.

Jedes Leben ist der Erinnerung wert. Tausendmal wichtiger als Bauplatz und Sparbuch. Ich möchte die Bäume erhalten wissen, die du gepflanzt hast. Ich möchte wissen, was meine Mutter, was mein Vater gedacht haben über Gott und die Welt. Menschen müssen doch Spuren hinterlassen. Spuren in den Herzen und nicht nur Einträge auf dem Grundbuchamt.
»Testare« ist Lateinisch und heißt »etwas bezeugen«.

Auf Griechisch heißt »Zeuge sein« »martyrein«. Ein Märtyrer ist ein Mensch, der sein Testament gemacht hat, der etwas bezeugt hat.

Stephanus musste sein Leben lassen. Er ist der erste Märtyrer der Kirche.
Anlass für seine Hinrichtung war: Er hat die Armen unterstützt. Und: Er hat in einer Rede sein Testament gemacht. Hat erzählt, was ihm wichtig ist, und bezeugt, dass dieser Jesus aus Nazareth sein Leben geprägt hat.
Ich weiß nicht, was Stephanus besessen hat. Aber ich weiß, was ihn bewegte, was ihn ausmachte, was ihn zu dem Menschen machte, der er war.

Unzählige Christen, nichts anders Juden, Buddhisten, Muslime sind seinem Beispiel gefolgt. Wurden Zeugen ihres Glaubens und dafür getötet.
Waren Menschen, die am Ende nicht nur über ein Haus, zwei Sparbücher und die Grabpflege »testiert« haben. Sie haben erzählt von ihren Wegen und Umwegen, von ihren Erfahrungen mit Gott und der Welt.
Und die Kinder und Enkel hören.
Was sie daraus machen, ist dann ihre Entscheidung.

»lass die Kleider im Schrank
das Geld im Beutel
die Gläser in der Vitrine
schenke mir dein Bestes
lass die Möbel im Zimmer
lass die Standuhr in der Diele
lass den Schmuck in der Schatulle
schenke mir dein Bestes
wenn du mich liebst
und es gut mit mir meinst
erzähle mir deine Geschichte«[19]

Expertinnen und Experten für Übergänge

Christen sind auch nur Menschen.
aus einem Leserbrief

Und über dem allen, mein Sohn, lass dich warnen;
denn des vielen Büchermachens ist kein Ende,
und viel Studieren macht den Leib müde.
Prediger 12,12

Die Kirche und die Repräsentantinnen und Repräsentanten in den entsprechenden Ämtern verfügen über sog. »rites de passage«[20], »Übergangsriten«. So bei Taufe, Konfirmation, Trauung, Einschulung usw.

Zusammenfassend lese ich unter dem Stichwort »rites de passage«: »Es scheinen diese Übergänge ... als eine potenzielle Gefahr betrachtet worden zu sein, und entsprechend konnten sie nicht individuell vollzogen werden, sondern mussten rituell bewältigt werden.«[21]

Das hat sich erstaunlicherweise trotz z. B. des schwächer werdenden Gottesdienstbesuchs nicht geändert. Man wünscht kirchliche Begleitung, auch wenn man nicht so genau sagen mag, warum. Man wünscht eine würdige Form, auch wenn das familiäre Feiern oft als peinlich verspürt wird. Man wünscht diesen Beistand – so die Forscher –, um bestimmten, in den Übergängen lauernden Gefahren aus dem Weg zu gehen.

Zwischenzeitlich scheint man dankbar dafür zu sein, dass uns Kirchenleuten die Kompetenz für Begleitung von Lebensübergängen noch zugetraut wird, treffen wir doch das Jahr über bei Kasualien auf das Vielfache an Menschen im Vergleich zu unseren Gottesdiensten.

Vor Jahrzehnten schon entstand daraus der – positiv gefüllte

– Begriff, wir seien »Kirche bei Gelegenheit«[22]. Kirche bei Gelegenheit – das scheint manchen nicht koscher. Eher gefährlich.

Was, wenn sich den Menschen keine Gelegenheit mehr stellt? Die Frage ist eigentlich lächerlich. Denn jedes Kind wechselt vom Kindergarten in eine Schule. Und die meisten Menschen wechseln in einen Beruf, ebenso wie in eine Ehe. Die meisten Frauen bekommen Kinder, die wieder wechseln in einen Kindergarten und in eine Schule und einen Beruf und in eine Ehe. Es ist also »Menschsein« gar nicht anders denkbar als in Übergängen.
Uns fallen Ängste ein beim Überqueren einer Grenze – das ist schon Jahrzehnte her, aber immer noch in uns Älteren gegenwärtig. Aktuell ist die Diskussion wieder lebendig. Manche Länder wollen abschotten, andere machen dicht, dritte schaffen Korridore.
Bahnübergänge, an denen Unfälle passiert sind.
Übergänge im Gebirge, vor denen wir zögerten.
Brücken, bei denen uns nicht geheuer war.
Kreuzungen ohne Ampel.
Der Übergangspräsident oder Übergangstrainer ist nichts als ein Auswechselspieler.
Übergänge werden als Brüche gesehen.
Der Wechsel heißt erst einmal Diskontinuität.
Neu einstellen – oder gehen.
Auch für die Mitarbeiterinnen und Mitarbeiter einer Einrichtung: Übergänge in den Spitzenpositionen machen Angst.

Mag es auch die Sehnsucht der Menschen sein, zu bleiben, so ist ihre Wirklichkeit doch der Übergang, der Wechsel, der Wandel.

Ich lerne daraus: Wer am Leben schreibt, wer Biograph ist, kann nicht sitzen oder stehen bleiben. Wer Menschen begleitet, muss mit ihnen gehen. Muss ihnen gelegentlich voraus sein.

Wer Menschen begleitet, darf nicht wollen, dass alles bleibt, wie es ist. Das wäre tödlich. Das gilt für eine Regierung genauso wie für eine Zeitung; für das Predigen nicht anders als für eine Kirchenleitung.
Zur Seelsorge kommen Menschen, die mit den Übergängen nicht zurechtkommen.
Die Ehe, die Erziehung der Kinder, die Sorge um ihre Bewahrung, die eigene Sexualität, die eigenen Fehler, die eigenen Grenzen, die eigenen Schulden, die eigene Krankheit, die Krankheit von Nächsten, gar der Tod, die Überforderung – das, was geheimnisvoll ist und unsicher macht – das, was »stresst« bringt Menschen bei ihren Übergängen zur Seelsorge.
Mag es auch die Sehnsucht der Menschen sein, zu bleiben, so ist ihre Wirklichkeit doch der Übergang, der Wechsel, der Wandel.

Von dem Gott, an den wir Christen glauben, heißt es: Er schläft und isst nicht an der Wegkreuzung. Er kennt uns und weiß, dass wir irren. Von dem Gott, an den wir Christen glauben, heißt es: dort, wo wir scheitern, begänne sein Kreuzweg.
Das ist ein großer Trost dem, der sich darauf verlässt.
Über Entscheidungen liegt kein Fluch, selbst wenn sie falsch sind.
Auch auf den falschen Wegen liegt noch der Segen des Kreuzes.

Über den Rand, über den Fluss, über das Meer

Ich bin wie ein offenes,
braches Feld.

Pflanze Leben in mir,
das dir Frucht bringt.

Komm gelegentlich vorbei.
Das Feld ist soweit.

Über den Rand, über den Fluss, über das Meer

Das ist doch alles nur Schau!
Claire, 16 Jahre alt, bei einer Diskussion über »Treue«

Ich beschwöre euch, ihr Töchter Jerusalems, dass ihr die Liebe nicht aufweckt und nicht stört, bis es ihr selbst gefällt.
Hoheslied 8,4

Ich geh ein Stück des Wegs, den Gott mir schenkt, mit dir.
Ich such den schmalen Weg nach Zeichen ab mit dir.
Ich weiß, es ist, als ob der Tau zum Feuer käm
und einen Funken Wärme glühend mit sich nähm
über den Rand, über den Fluss, über das Meer.

Ich bau ein Haus mit dir aus Zärtlichkeit und Wind.
Ich pflanze Blumen, grabe Beete wie ein Kind.
Ich weiß, es ist, als ob ein Gras zur Rose spricht:
Nimm meinen Halm, dann bring ich sicher dich ans Licht,
über den Rand, über den Fluss, über das Meer.

Ich steh am Ufer, suche hilflos ein Gebet.
Ich spür den Fluss, er reißt, was eben noch gelebt.
Ich hör das Meer, es brüllt und fordert seinen Lohn.
Es sagt mir zärtlich schmeichelnd: Komm und spring, mein Sohn, über den Rand, über den Fluss, über das Meer.

Du singst mir Lieder, weinst mir Tränen, trägst mir Korn,
doch ich beginne meine Wege nicht von vorn.
Ich weiß, es ist, als ob der Tau zum Feuer käm
und einen Funken Wärme glühend mit sich nähm
über den Rand, über den Fluss, über das Meer.

Maria aus Magdala – und die Barmherzigkeit Gottes

Himmelhoch jauchzend, / Zum Tode betrübt; /
Glücklich allein – Ist die Seele, die liebt.
Johann Wolfgang von Goethe [23]

Selig sind, die da Leid tragen; denn sie sollen getröstet werden.
Matthäus 5,4

Magdala ist ein winziges Dorf am Westrand des Sees Genezareth. Hebräisch nennt man das Dorf »migdal«. »Midgal« bedeutet »Turm«.
Als wir das letzte Mal daran vorbeifuhren, sahen wir vielleicht zehn Grundrisse von ausgegrabenen Häusern hinter einem dichten Zaun, darunter ein größeres Gebäude, das unschwer als Synagoge erkennbar ist. Die Ausgrabungen liegen nahe am See. Die Römer machten das Dorf, das in besten Zeiten fast 40.000 Einwohner gezählt haben soll (heute etwa 2.000), dem Erdboden gleich. Die Kreuzfahrer bauten eine Kirche. Der Unabhängigkeitskrieg 1948 hinterließ Asche, verbrannte Erde und das eine oder andere Fundament.

Maria aus Magdala, eine Jüngerin Jesu, vielleicht die Frau, die ihm neben seiner Mutter am nächsten stand, kommt ans Grab, um zu weinen. Einen Toten kann man nicht besuchen, wie man einen Lebenden besucht. Da ist auch nichts mehr zu sagen. Da ist auch nichts mehr zu machen. Es sei denn das, was unserer Seele guttut, das Weinen. Es sei denn das, was den Toten in Ehren hält, die liebe Pflege des Grabes, die stillen Gebet, die leisen Tränen.
Dann fällt ihr Blick ins Grab. Und das Grab ist leer. Sie ist entsetzt. Grabräuber oder römische Soldaten oder wer auch

immer haben Jesus weggenommen. Da sieht sie zwei Engel. Johannes schreibt: einen Engel zu Jesu Häupten, einen zu seinen Füßen. Sodass ganz deutlich wird, er ist beschirmt. Er ist abgeschirmt. Er ist von einer anderen Welt.
Als sie sich umdreht zu dem Mann, der da plötzlich hinter ihr steht, erkennt sie Jesus nicht. Hält ihn für den Gärtner. Bis er ihren Namen ruft und ihr die Augen aufgehen.
Jesus offenbart sich der Maria als Auferstandener und wehrt ihr doch gleich: Rühre mich nicht an! Geh und erzähle es den anderen. Predige!

Wir machen uns ja oft Gedanken, was aus unseren lieben Verstorbenen geworden ist. Machen uns Gedanken, was einmal aus uns wird, wenn unser Maß erfüllt ist. Jedenfalls eines ist Auferstehung nicht: noch einmal das Gleiche.

Maria bleibt nichts, als von dieser »Erfahrung« zu erzählen. Sie wird dabei auf verschlossene Ohren stoßen. Sie kann diesen Christus, diesen auferstandenen Jesus nicht an der Hand nehmen, mitnehmen, zeigen, seine Existenz beweisen.

Jedes Licht, jede Blume, jedes Lebenszeichen auf einem Grab ist eine kleine Predigt von der großen Barmherzigkeit Gottes.

Land ohne Bremsspuren

3.450 Verkehrstote 2015 in Deutschland.
Statistik[24]

Sie sollen nicht umsonst arbeiten und keine Kinder für einen frühen Tod zeugen; denn sie sind das Geschlecht der Gesegneten des HERRN, und ihre Nachkommen sind bei ihnen.
Jesaja 65,23

schon ein leichter Wind glättet den Sand
es gibt nichts Fremdes mehr
kurz schweigt der Wind
kein Fensterkreuz, kein Fadenkreuz
nur flüchtig bleibt eine Spur auch Spur
keine andere vertieft die Gräben
keine Bremsspuren

keiner hält die Gesänge des Windes fest
versucht, den grellen Schrei des Strandläufers
schwarz auf weiß festzuhalten
in Noten zu pressen das verschwindende Rieseln des Sandes
auf Kilometer kein Held

wenn wir auferstehen, wird das am Meer sein
keine Verstecke, keine Bremsspuren
wir werden zärtlich sein ohne Absicht

es muss am Meer sein, meine ich, und früh am Morgen

und da wird nur ein Wort sein
wenn wir auferstehen, sagt Gott du zu uns
du

Güte, Sanftmut, Lindigkeit

Ich vermag all das Volk nicht allein zu tragen,
denn es ist mir zu schwer.
4 Mose 11,14

Eure Güte lasst kund sein allen Menschen!
Philipper 4,5 [25]

Mit meiner Frau Simone zusammen habe ich versucht – es wird zwei Jahrzehnte her sein –, einen chinesischen Freund einige Stufen im Gelben Gebirge im Süden Chinas hochzutragen. Was andere tun und damit ein wenig Geld verdienen, hat uns am Ende zusammenbrechen lassen.

Sanftmut ist eher ein trotziges Wort. Widerstand ist mir schon immer sympathisch gewesen. Ich war nie wirklich sanft.
Ich schrieb Flugblätter. An eines erinnere ich mich noch, weil es eine typische Überschrift – ein Wort von Mao Tse-tung – trug: »Der Stein, den sie in die Hand genommen haben, wird auf ihre eigenen Füße fallen.«
Mit anderen zusammen besetzte ich ein Haus, sang die ersten Lieder gegen Gott und die Welt, war mehrfach angezeigt und stand vor Richtern, wurde als Theologiestudent von meinem Bischof zur Rede gestellt, er wollte mir Berufsverbot erteilen.

Sanftmut. Was ist ein »sanfter Mut«?
Ich beginne beim Mut. Mut muss das Herz in beide Hände nehmen, dem Mainstream widerstehen und gelegentlich einstecken.
Ein »sanfter Mut« gibt nicht klein bei, gibt aber keinen auf.
Ein »sanfter Mut« streichelt nicht. Er streikt. Aber er schlägt nicht.
Nie und nimmer wird ein sanftmütiger Mensch austeilen.
Er wird wie Jesus, wie Gandhi und wie Martin Luther King einstecken – und damit widerstehen.

Ich bin kein sanftmütiger Mensch.
Als Lehrer musste ich Abiturnoten machen.
Als Pfarrer musste ich beerdigen.
Als Publizist muss ich Menschen erreichen.
Als Vater musste ich Kinder finanzieren.
Als Sohn die Mutter.
Als Mensch muss ich Geld verdienen wie jeder andere.

Ich trage allerdings lieber mit Simone unseren Freund Dong einige Stufen hoch, als dass ich jemandem das Bein stelle, damit er nach unten fällt.
Und das soll so bleiben, selbst wenn man mir ein Bein stellt.

Als Zeichen der Siege pflanzt man Eichen.
Als Symbol für den Frieden pflanzt man Linden.
Martin Luther hat verschiedene Begriffe mit einem Wort übersetzt, das heute ganz fremd ist: Lindigkeit.
Früher stand in der Lutherbibel: »Eure ›Lindigkeit‹ lasst kund sein allen Menschen.«[26]

Sanft, zärtlich, gütig, lind, schonend. Das alles sind Begriffe, die ursprünglich einmal verbunden waren mit Christsein. Die Geschichte der Kirche ging leider oft andere Wege. Heute entdecken wir wieder, wie sehr uns Sanftheit und Zärtlichkeit fehlen. Die Lindigkeit fehlt uns.

Unter der Linde traf man sich zum Tanz.
Unter der Linde wurde Gericht gesprochen.
Unter der Linde turtelten die Liebenden.
Nach den großen Kriegen wie dem Dreißigjährigen Krieg oder dem 70er-Krieg wurden Friedenslinden gepflanzt.
Das Holz der Linde ist lind – biegsam – weicher als andere Bäume. Viele Schnitzereien in Kirchen sind aus Lindenholz.
Die Linde kann bei guter Behandlung Hunderte Jahre alt werden. Ich finde es bemerkenswert, dass viele der »Heiligen« aus

einer Linde geschnitzt sind, selbst die eine oder andere Kanzel. Erst recht das Kruzifix. Eine nachgiebige Holzart.
Wir staunen mit aufgerissenen Augen über die Wucht des Universums.
Wir staunen, dass eine Liebe allen Umwegen gewachsen ist.
Wir staunen über die Vielfalt und Schönheit der Musik.
Wir staunen, dass einigen von uns Worte geschenkt sind, von denen andere nur träumen.
Wir staunen, dass einigen von uns Träume geschenkt sind, für die anderen die Worte fehlen.
Wenn wir staunen können, dann ist es gut.
Andere meinen, schon zu haben und zu besitzen.

In Michelangelo Antonionis Film »Blow Up« von 1966 spielen zwei junge Leute lautlos Tennis auf einem umgitterten Platz. Aber sie haben weder Schläger noch Ball. Ein paar Gaukler und Musikanten sehen ihnen zu, verfolgen die Bahnen des imaginären Balls mit ihren Blicken, ihre Gesichter spiegeln Triumph und Enttäuschung der Spieler. Plötzlich landet der Ball weit jenseits des hohen Gitters auf dem Rasen. Die Spieler bitten einen Fotografen, der gerade dort steht, ihn zurückzuwerfen. Er tut es, die Spieler heben den »Ball« auf und setzen ihr pantomimisches Spiel fort, und nun hört man sogar die harten Schläge des Ballwechsels.
Über den Ball lässt sich ebenso wenig sagen wie über Gott. Aber das Spiel ist da, und seine Dynamik verwandelt die Zuschauer in Mitspieler. Das heißt: Fangt an zu spielen, und dann werdet ihr merken, wie wirklich der Ball ist.
Also: Nimm den Ball auf. Spiel mit.

Einfache Sätze

Ich bin ein gebranntes Kind.
Martina, nach zwei gescheiterten Ehen

Tevje: O nein, sag: Ist es Liebe? – Golde: Ist es Liebe? –
Tevje: Nun? – Golde: Seit fünfundzwanzig Jahren leb' ich mit ihm,
lach mit ihm, wein mit ihm.
Seit fünfundzwanzig Jahren ist sein Bett mein.
Das muss ja Liebe sein!
Scholem Alejchem, Anatevka

Wir hatten die Rezepte.
Keiner hätte sie uns ausreden können.

Wie leicht wird durch Misstrauen
eine einfache Wahrheit zerredet.
Ein ehrliches »Ich liebe dich« verliert seine Kraft.
Ein Engel steht vor verschlossener Tür.

Eine Wahrheit
muss man in einem Atemzug sagen können,
so wie: »Ich liebe dich.«
Oder: »Ja, mit Gottes Hilfe.«
Oder: »Bleib bitte.«
Wir haben das verlernt.
Wir sind erwachsen.
Einfache Antworten sind uns verdächtig.

Doch wehe,
wir misstrauen den einfachen Sätzen
wie: »Ich liebe dich.«
»Ja, mit Gottes Hilfe.«
»Bleib bitte.«

Lehre mich

Es ist mir leid um dich, mein Bruder Jonatan,
ich habe große Freude und Wonne an dir gehabt;
deine Liebe ist mir wundersamer gewesen, als Frauenliebe ist.
2 Samuel 1,26

Magst du mich echt?
Kiara in einem Gebet, Konfirmandin

Lehre mich
den Unterschied
zwischen Ehrfurcht und Angst.

In deiner Allmacht suche ich nach Güte.
In deiner Schwäche suche ich Trost.

Wo soll ich suchen
nach einem, der bleibt?

Wie könnte ich trösten,
wäre ich selbst nicht bei Trost?

Wie könnte ich staunen,
wäre ich für Klänge taub,
gefühllos für eine Hand
und für Farben blind?

Wie könnte ich lieben,
würde ich nicht
geliebt?

Den Müden ein Fest

Ich falte die Hände.
Nenne diesen und jenen Namen.
Den einen oder anderen Ort.
Das eine oder andere Vorhaben.
Den einen oder anderen Kranken.

Nicht alle Namen fallen mir ein.
Aber ich weiß:
Keiner fällt aus deiner Liebe.

Heile die Wunden.
Gib Boden den Gebeten.
Schenke Ruhe den Aufgeregten.
Überrasche die Müden
mit einem erholsamen Traum.
Und bleibe bei uns,
wenn jeder Trost
an ein Ende kommt.

Den Müden ein Fest (Kindertrost)

Von einem Monat an bis auf fünf Jahre sollst du,
wenn es ein Knabe ist, schätzen auf fünf Lot Silber,
ein Mädchen aber auf drei Lot Silber.
3 Mose 27,6

Diese Worte, die ich dir heute gebiete, sollst du zu Herzen nehmen
und sollst sie deinen Kindern einschärfen und davon reden,
wenn du in deinem Hause sitzt oder unterwegs bist,
wenn du dich niederlegst oder aufstehst.
5 Mose 6-7

Wie soll man Kinder trösten?
Cool geht nicht.
Mit der Bibel geht nicht.
Von damals erzählen geht nicht.
Von morgen erzählen geht nicht.
Eigentlich gehen nur liebhaben, aushalten, dulden auf gleicher Augenhöhe.
Kinder brauchen keine Begründungen. Brauchen das Gespür: Dir geht es wie mir. Sie werden darüber nicht diskutieren. Sie lassen es sacken.

Heute erlebe ich einen Hype bei Kindergeburtstagen. Als ob alles Versäumte nachgeholt werden müsste. Vom »Indoor-Spielplatz« bei schlechtem Wetter, über den »Sommerrodelbahn-Ausflug« bis zum »Star-Wars-Event«, kostümiert und mit Licht-Schwert als Gegengeschenk. »Hamburger«-Orgien bei McDonalds oder Burger-King sind von gestern, Buchgeschenke nur peinlich, der Festtag wird zum Stress für alle Beteiligten, die am Ende voll sind. Übervoll. Der Aufwand der Eltern ist gigantisch. Müde und quengelig sind sie am Ende alle. Kinder, Eltern und geladene Unterhalter und »Gute-Laune-Tanten«.

Wann endlich hört dieser Quatsch auf?
Wann endlich verständigen sich Eltern darauf, wieder »klein« anzufangen?
Zu meiner Zeit gab es Tipp-Kick-Turniere, für jeden eine Sinalco und ein heißes Würstchen mit Brot. Das war damals schon modern.

Was kann Kinder trösten, wenn sie weinen?
Was kann Kinder trösten, wenn Mama oder Papa fehlen?
Vielleicht ein Lied?
Vielleicht eine vertraute Stimme?
Vielleicht Puppe oder Bär?
Vielleicht, wenn man sie lange in den Arm nimmt.

Vor Jahren habe ich für Kinder ein »Abendliches Trostlied« geschrieben[27]:

Die Lichter gehn aus in der Stadt, die Straße liegt dunkel,
dein Bär blinzelt leise zum Mond, der lächelt ihm zu.
Alle Puppen und Tiere im Zimmer ruhn aus
und sie schlafen wie du.
Alle Puppen und Tiere im Zimmer ruhn aus
und sie schlafen wie du.

Gott schenkt dir den Schlaf und du spürst,
die Welt kommt zur Ruhe,
behütet von dem, der sie schuf, der Kinder versteht.
Sterne füllen den Raum, spielen bunt mit den Strahlen und Schlimmes vergeht. Sterne füllen den Raum, spielen bunt mit den Strahlen und Schlimmes vergeht.

Ein Lachen für jeden, der weint, für die Nacht einen Morgen,
den Kranken die Hoffnung, den Tag, dem Vogel ein Nest,
ein Gebet für die Welt, für das Leben, für dich,
für die Müden ein Fest.

ein Gebet für die Welt, für das Leben, für dich, für die Müden ein Fest.

Was Martin Luther vor 500 Jahren mit »herzen« übersetzte, gilt heute noch.
»... er nahm ein Kind, stellte es mitten unter sie und herzte es.«
Jesus hat sie nicht »durchgeherzt«.
So von einem zum anderen.
Links Bussi, rechts Bussi.
Ich denke, das war ihm fremd.
Jede Schau war ihm fremd.
Dann zog er sich lieber zurück in die Einsamkeit der Wüste.
Aber er hätte sich für die Kinder
als Brücke über einen Bach gelegt,
als Zaun vor einen Eindringling gestellt,
als Freund die Arme geöffnet
und als Sensibler die Hände.
Ich meine, er hätte nicht viele Worte gemacht.
Er wusste, wie die Seele leidet
und der Schmerz dich müde macht.
Noch immer meine ich, Jesus hätte allen Müden ein Fest bereitet.
Und hätte am frühen Morgen nicht die Zelte abgebrochen,
sondern wäre geblieben, bis alle Tränen abgetrocknet
und jede schlimme Erfahrung vergangen wären.

Ich weiß, dass man sagen kann, dies sei ein Traum.
Manchmal schenkt Gott Menschen Worte »von weit her«.
Wir staunen, dass einigen von uns Worte geschenkt sind, von denen andere nur träumen. Wir staunen, dass einigen von uns Träume geschenkt sind, für die anderen die Worte fehlen.
Wenn ich recht habe, dann ist das ein Segen.
Täusche ich mich, dann will ich lieber warten.
Und – ich weiß mich in guter Gesellschaft.

Ich bin müde

Mein Volk ist müde, sich zu mir zu kehren,
und wenn man ihnen predigt, so richtet sich keiner auf.
Hosea 11,7

Er weckt mich alle Morgen,
er weckt mir selbst das Ohr.
Jochen Klepper

Esau kam müde vom Feld und verkaufte sein Erstgeburtsrecht um ein Linsengericht. Bezeichnenderweise mit den Worten: »Siehe, ich muss doch sterben; was soll mir da die Erstgeburt.«

Ein Müder ist anfällig. Ein Müder kann nicht mehr abschätzen, verkauft sich unter Wert. Er lässt sich leicht verführen und wehrt sich nicht mehr.
Ein Müder kennt nur noch ein Maß: seine Ruhe. Die Vergangenheit wird ihm zur Last, die Zukunft ist Bedrohung, die Gegenwart raubt ihm die Kraft. Es ist, als ob er unaufhaltsam welkt. Ein steter Sog nach unten.

Hier zieht einer, dort reißt ein anderer. Hier mein Ohr, dort die Augen, da die Hände – nach Stunden unter den Wölfen bin ich zerrissen, kann nicht mehr. Nichts macht mehr Freude. Die anderen werden zur Last. Da war keine Zeit, das Auseinandergerissene wieder zu sammeln, zu heilen. Da war kein Stecken und Stab, kein Trost. Keiner, der sich für mich zerreißen ließ. Keiner, der meine Füße wieder auf weiten Raum gestellt hätte. Außen bin ich wund und innen leer. Ich habe mich müde geschrien. Nun schweige ich. Nicke noch, schüttle kaum merklich den Kopf – es ändert ja doch nichts. Die machen ja doch mit mir, was sie wollen.

Wie oft ist Unzeit im Leben. Wie oft ist kein Garten und kein Fluss in Sicht, nur Wölfe, die an mir zerren, nur Hände, die etwas verlangen, nur Wüste, in die ich mich müde flüchte. Hiob bleibt ein trotziger Glaube, den Betern der Psalmen bleibt die Klage. Jossel Rakower, von dem Zvi Kolitz erzählt, spricht vor dem Untergang des Warschauer Ghettos zu Gott, mitten im Feuer, mitten im Tod.

Es ist kein Zufall, dass in der dunkelsten Zeit unserer eigenen Geschichte, als die Wölfe rissen in unserem Land wie nie zuvor und nie danach jenseits von Eden, die Beschränkung auf dieses »Wort allein« von den Christen wieder entdeckt wird. In Wüstenzeiten ist kein Verlass auf uns selbst.

In Wüstenzeiten berge ich meine müde Seele im Schatten deines Wortes, Gott.
Deine Worte schließen Wunden, sie sind freundlich und entlasten.
Ich sehe, wie das Gras verdorrt und die Blume verwelkt, wie der Mensch und seine Größe zerbricht.
Auf dein Wort will ich mein Vertrauen setzen.
Alles andere hält der Wüste nicht stand.
Ich will warten, bis du sprichst.
Schenke mir nur eines,
dass ich dich schon von Weitem höre.

Die Heimat des Mönchs

Wie ein Vogel, der aus seinem Nest flüchtet,
so ist ein Mann, der aus seiner Heimat flieht.
Sprüche 27,8

Ein Prophet gilt nirgends weniger als in seinem Vaterland
und bei seinen Verwandten und in seinem Hause.
Markus 6,4

Seine Erscheinung war beeindruckend: schwarzer Habit, offene Sandalen an zierlichen Füßen, die er beim Gehen etwas einknickte und nachzog. Die Hände auf dem Rücken gekreuzt. Eine Vielzahl roter und blauer Äderchen gaben dem feinen, doch wetterbraunen Gesicht den Ausdruck einer filigranen Landkarte mit Wegen, Flüssen und Grenzen. Er muss damals schon, vor gut 20 Jahren, weit jenseits der 80 gewesen sein. Sein Gang war etwas gebeugt, ruhig – und doch sprühte dieser Mensch vor lauter Leben. Die pure Lebensfreude blitzte aus seinen Augen. Ich werde diese Stunde Führung durch das Kloster nicht vergessen.

Er zeigte mir den Kreuzgang, die Kirche und den Garten. Für den Garten verwandte er am meisten Zeit, er war sein Lebenswerk.
Über 50 Jahre hegte und pflegte er ihn, säte und erntete, las Schädlinge ab und züchtete Rosen. Es war, als kenne er jeden Strauch, jeden Baum, jede Pflanze mit Namen, mit ihrer Geschichte. Er sprach mit den Bäumen, strich hier zärtlich über einen Stamm, roch dort prüfend an einer Blüte.

Doch das Eindrücklichste kam noch. Zuletzt, schon auf dem Rückweg mit dem Blick auf die Uhr, führte er mich zum Friedhof des Klosters.

Es ist ein eigenartiger Friedhof, nicht so, wie ich ihn von anderen Klöstern kannte. Eine große Wand, und eingelassen in die Wand Nischen für die Särge. Die Nischen werden nach der Beisetzung zugemauert und davor erinnert nur noch ein Namensschild an den verstorbenen Bruder. Ich stand fast betroffen vor dieser, nach der Führung durch den Klostergarten so plötzlichen Konfrontation mit der eigenen Vergänglichkeit. Er bemerkte meine Unsicherheit. Und mit innerer Gelassenheit, mit strahlenden Augen zeigte er auf eine noch leere Nische und sagte:
»Schau, und da komm' einmal ich hinein.«

Selten, vielleicht nie, habe ich einen Menschen getroffen, der so ruhig und gelassen war. Der genau wusste, woher er kam und wohin er geht. Dessen Glauben tief wie ein Brunnen und fest wie ein Felsen war. Und der in seinem Glauben sich doch nie entfernte von dieser Welt, sondern neben all den Klosterdiensten, Gebeten, Gottesdiensten, Menschendiensten in über 50 Jahren einen Garten anlegte, der in seiner Vielfalt, Farbenpracht, Gesundheit und Erdigkeit ein Stück Paradies war, mitten in dieser doch meist unseligen Welt. Und der längst für sich in diesem Paradies seinen Platz gefunden hatte, selbst über den Tod hinaus.

Er hatte sich müde gelaufen

Und David wurde müde.
2 Samuel 21,15c

Wenn unser irdisches Haus, diese Hütte,
abgebrochen wird, so haben wir einen Bau,
von Gott erbaut, ein Haus, nicht mit Händen gemacht,
das ewig ist im Himmel.
2 Korinther 5,1

Er hatte sich wund und müde gelaufen.
Im siebten Lebensjahrzehnt hatte ihm sein Sohn L. einen großen Traum ermöglicht: Pilgern auf dem Jakobsweg. Es war für ihn nicht nur Santiago de Compostela. Es war für ihn das gemeinsame Gehen, Reden und – erst recht – Schweigen mit dem Sohn. Die Tage waren für ihn – frühpensioniert und Krebs-erfahren – ganz wesentliche Tage.
Er war frühpensioniert in den Südwesten zur Familie der Tochter K. gezogen, hatte eines Tages an meiner Pfarramtstür geklingelt und sich als Neuzugezogener vorgestellt. Er war Pfarrer. Lange Jahre als Auslandspfarrer mit der Familie in Südamerika. Er wurde für mich als Ortspfarrer zu einem wunderbaren Geschenk. Und für viele andere auch.

Er wollte sich nicht »zur Ruhe setzen«. Er hat die Geschichte unserer Region studiert und wurde Schlossführer in Heidelberg, Schwetzingen und Mannheim.
Er hat begeistert und einladend musiziert. Mit Geige und Bratsche, wenn es sein musste auch mit Orgel, Klavier oder Gitarre. Er hat in wenigen Jahren in unserer Region stabile und tiefe Freundschaften geschlossen, gerade durch die Musik, in Trio, Quartett oder Quintett, in Orchestern und Ensembles, bei geistlichen Werken, eigentlich in der so wesentlichen, großen

Weite klassischer Musik. Er hielt in unserer Gemeinde Gottesdienste, besuchte Kranke und Senioren, beerdigte Verstorbene und war mir ein wesentlicher Ratgeber in kniffligen Fragen.

Sprach ich mit ihm über sein zeitlich begrenztes Leben, über den absehbaren Tod, dann maß ich dies an der Zahl der Jahre. Er aber sprach von einem erfüllten Leben. Er spüre, das sei erfüllt. Er meinte, das seien viele Jahre, fast ein paar Leben.
Er veröffentlichte eine Reihe von Beiträgen in den »Pastoralblättern«. Darunter auch eine Predigt über das Lied »Du Morgenstern, du Licht vom Licht«. Über Johann Gottfried von Herder, der den Text dichtete, schreibt er am Ende seiner Predigt: »Er starb mit 59 Jahren, verbittert und enttäuscht und von Krankheiten zermürbt. Nichts davon zeigt sich auf seiner Grabplatte. Nur eine strahlende Lichtquelle, Licht vom Licht, die sich in die Worte ausstrahlt: Licht, Liebe, Leben.«

So einfach kann Glaube sein. Das hatte er gut verstanden: die Strahlkraft und die Einfachheit des Glaubens. Und dass eines mit dem anderen zu tun hat.
Wenige Tage vor seinem Tod fand er einfache Worte, einfache Akkorde und einfache Noten. Mühsam, aber gut verständlich für H., seine Frau, die aufschrieb.
»Du, ich hab mein Leben an Christus übergeben,
er trägt jetzt meine Last.
Willst du nicht auch dein Leben an Christus übergeben,
der du so lang gezögert hast.«
Für ihn war das eine Frage der Logik: Es kann gar nicht anders sein, wenn dies, das Erste, einen Sinn haben soll, das uns geschenkte grandiose Leben, dann kann es sich nicht verlaufen im Nichts. H.-G. sagte: Ich habe dann verstanden – verstanden, für ihn eine Sache des Verstandes –, dass die Auferstehung Jesu das Entscheidende ist. Darum dreht sich alles. Das ist der Angelpunkt, von dem aus Erkenntnis und Glauben, Leben und Sterben einen Sinn bekommen.

Ich hatte so viele Fragen. Zweifel.
Für mich war das alles »zu einfach«. Für ihn war alles klar.
In dieser Klarheit des Verstandes, die ihm die einfachen, kurzen Sätze möglich machte und ihm im Wesentlichen keine Zweifel ließ, ist H.-G. gestorben.
Er hatte lange vor seinem Tod diesen Osterglauben der Kirche sich zu eigen gemacht. Danach hat er aufgehört, zu spekulieren.
Die mir offenen Fragen waren für ihn geklärt. Damit war auch alles über sein Sterben und seinen Tod gesagt.
Wenige Wochen vor seinem Tod hat er seinen Karsamstag mit dem seines Herrn Jesus Christus verbunden und geschrieben:

»So
such nur
seine Spur
mit abgelaufnen Uhren
bis an verschlossne Türen.
Dann
lass dich
einfach führen.
Du wirst die Spuren
spüren.«

H.-G. und L., Vater und Sohn, sind auf dem Jakobsweg weite Wege gegangen.
Vater und Sohn waren als Rucksacktouristen unterwegs.
Ich weiß nicht, aus welcher Karte sie gelesen oder ob sie den Weg nur an der Jakobsmuschel entlang gefunden haben.
Ich weiß nicht, ob sie spätabends das eine oder andere Mal, wenn die Lichter ausgingen, den weiten Sommerhimmel geschaut, die »Sternschnuppen« verfolgt und das Siebengestirn bestaunt haben.
Ich weiß nicht, was der eine dachte und was der andere ohne Worte erwiderte.
Ich weiß allerdings, wie wichtig die Gespräche und die nicht

geäußerten Gedanken waren. H.-G. hat es als eine große Kostbarkeit empfunden, dass ihm L. diesen gemeinsamen Weg ermöglicht hat.

Meinem Vater und mir war ein solcher letzter Pilgerweg nicht vergönnt.
Ich ging in Heidelberg auf die Barrikaden.
Er hoffte, es kämen keine schlimmen Anrufe.
Ich meinte, es sei unsere, die neue Zeit.
Er sagte: Lass dich nicht verhärten.
Bevor Wolf Biermann dieses Lied 1968 schrieb.
Im Gesicht gestrahlt hat auch er. Kam er in einen Raum, dann ging die Sonne auf.
Ich schätze als eine wesentliche Erinnerung an ihn sein »Sternenbuch«. Er besaß neben seinen Fachbüchern – er war Schneidermeister – nur wenige Bücher. Darunter Bruno H. Bürgels Buch »Eine volkstümliche Himmelskunde«, erstmals erschienen 1939 im »Deutschen Verlag«, dann wieder aufgelegt 1952. Meine Mutter hat es ihm zum 40. Geburtstag geschenkt. Ihre »Widmung« in Sütterlinschrift, etwas schräg nach rechts oben verlaufend: »Meinem lieben Gatten für den Feierabend von deiner Emilie«.
Ich war damals vier Jahre alt.
Er hatte kein Teleskop, besuchte nie ein Planetarium und bekam auch erst später ein – allerdings sehr gutes – Nachtlicht-Fernglas. Und doch hat er mir in seinen einfachen Worten Wesentliches erzählt. Er erzählte mir vom Kosmos. Er machte vor dem fremden Wort »Kosmos« immer eine kleine Pause. Er war ein einfacher Mensch. Er hat nicht »Sterne« gesagt, sondern »Gestirne« – und »Kosmos«. Er sagte das auf eine Art, bei der der kleine Junge, dem er von fernen Milchstraßen und Spiralnebeln erzählte, eine große Ehrfurcht bekam, auch wenn er kein Wort verstand. Es musste etwas erschütternd Großes sein, wenn mein Vater so redete.
»Da draußen sind Welten«, sagte er. Das Kind schwieg stau-

nend. Welt, das waren Erde, Sonne, Mond und die Sterne. Er sprach von »Welten«. Und wie er das Wort aussprach, mussten die »Welten« etwas Heiliges sein.
Oder er erzählte vom Licht der Sterne. »Es gibt Licht, das wir jetzt sehen, doch es ist seit Jahrmillionen unterwegs.« Und wie er das Wort »Jahrmillionen« aussprach, dabei die Hand mit Nadel und Faden in der Bewegung innehielt, mich über den Rand seiner Brille ernst ansah, da war es, als ob er von Kanzel oder Katheder mir ein großes, heiliges Geheimnis anvertraute. Ehrfurcht lehrte er mich vor dem Schöpfer, dessen Liebe in Sekundenbruchteilen Welten und Jahrmillionen durcheilte. Ehrfurcht vor Zeit und Raum, in denen sich dieses Kommen und Gehen, Bleiben und Leuchten und Erlöschen abspielte.
Als im Sommer 1978 von Mannheim nach Niefern die Sonne so wunderbar wärmte und ich deshalb übers Land auf Nebenstraßen in die Klinik fuhr und ihn nicht mehr so antraf, wie ich ihn sonst angetroffen hatte, wenige Stunden, bevor er das Licht sah, von dem er so oft geträumt und erzählt hatte, muss er noch »Ich bete an die Macht der Liebe« gesungen, gedacht oder gebetet haben. Jedenfalls lag dieser Liedtext aufgeschlagen auf seinem Nachttisch. Als Frage? Als Bitte? Als Antwort?

Beide, H.-G. wie mein Vater, hatten sich müde gelaufen. Beide waren keine Bedenkenträger. Beide hatten sie ein weites Herz, eine ehrliche Freude an Kleinigkeiten, ein Gespür für das Schöne und eine Ehrfurcht vor den »Welten« der Ewigkeit. In der Summe: eine tiefe Liebe.
Es gibt Zeiten, in denen sich wesentliche Menschen einfach verbrauchen müssen. Das habe ich mit der Zeit verstanden. Menschen laufen sich wund, sei es auf der »Balkan-Route«, im Bürokratie-Dschungel oder beim Umwege-Slalom eines aufrichtigen, echten Lebens.

Aber ich war nie in Sorge, sie fänden nicht die Heimat.
Sie waren doch immer daheim.

Mein Gott, ich bin müde

Du machst dich zu müde, dazu auch das Volk, das mit dir ist.
Das Geschäft ist dir zu schwer; du kannst es allein nicht ausrichten.
2 Mose 18,18

Sieh dich aber unter dem ganzen Volk um nach redlichen Leuten, die Gott fürchten, wahrhaftig sind und dem ungerechten Gewinn Feind. Die setze über sie als Oberste ... dass sie das Volk allezeit richten. ... So mach dir's leichter und lass sie mit dir tragen. Wirst du das tun, so kannst du ausrichten, was dir Gott gebietet.
2 Mose 18,21-23a

Du weißt. Drehst die Welt immer wieder neu
um Achsen, die keiner versteht.
Horchst, ob da ein nicht abgegriffenes Gebet sei,
oder ein Kinderwunsch oder ein zahnloser Fluch.

Bist du nicht manchmal auch müde, Gott?
Nun habe ich noch drei Tage, dann das Wochenende.
Dann habe ich die Kinder und den Müll und die Küche allein.

Ab Montag wieder das Band und sein Takt
und dumme Bemerkungen.

Ich bin dir dankbar, dass ich arbeiten kann,
dass ich Hände und Füße und meinen Grips noch bewege.

Arbeit ist kein Fluch, aber auch kein Segen.
Arbeit knechtet nicht, macht aber auch nicht frei.

Verstehst du, Gott, das ist mein Leben?
Rase du wie ein Blitz in meinen Tag
und träufle Freude in meine offenen Wunden!

Desiderata

Ich wünsche mir ein neues Kleid, einen Ball,
eine Play-Station und ein Paar Eltern.
Kinderwünsche, geäußert im Kindergottesdienst

Mein Lieber, ich wünsche, dass es dir in allen Dingen gut gehe
und du gesund seist, so wie es deiner Seele gut geht.
3 Johannes 2

Es gibt Texte, die der Seele guttun.
Am Portal der alten St.-Pauls-Kirche von Baltimore stand, so erzählt man, ein Text, Worte aus dem 17. Jahrhundert. Und sie tun uns heute noch gut. Vor 30 Jahren habe ich sie noch etwas kritischer gelesen.
Heute überwiegt die Ruhe.
Was uns allen so fehlt, hat dieser alte Text:

»Geh deinen Weg ruhig, mitten in Eile und Hast. Erinnere dich, welch ein Frieden in der Stille ruht. Soweit es dir möglich ist, ohne dich selbst aufzugeben, suche ein gutes Auskommen mit allen Menschen. Äußere deine Wahrheit ruhig und klar. Höre anderen zu. Selbst wenn sie sich aufspielen oder wenig wissen, auch sie haben ihre Geschichte.
Meide laute und aggressive Menschen, sie quälen den Geist. Wenn du dich vergleichst mit anderen, wirst du eitel oder bitter, denn immer gibt es größere oder geringere Menschen als dich selbst.
Sei auf deine Pläne ebenso stolz wie auf das, was du erreicht hast. Sei interessiert an deinem Beruf. Auch wenn er bescheiden ist, er ist ein wirklicher Besitz im wechselhaften Glück der Zeit. Übe Vorsicht bei deinen Geschäften, denn die Welt ist voller Betrug. Aber werde bei alldem nicht blind für die Rechtschaffenheit, die es gibt.

Viele Menschen streben nach hohen Zielen, und überall strotzt das Leben vor Heldenmut. Sei du selbst. Vor allem: Weder heuchle Zuneigung, noch sei zynisch mit der Liebe, denn selbst angesichts aller Öde und aller Ernüchterung, sie ist so beständig wie das Gras.
Schicke dich in den Ratschluss der Jahre, und lass die Dinge der Jugend taktvoll los. Nähre die Kraft deines Geistes, dass sie dich schützt bei plötzlichem Unglück. Aber quäle dich nicht mit Einbildungen, viele Ängste sind Folgen der Müdigkeit und Einsamkeit. Bei aller heilsamen Selbstzucht, meine es gut mit dir selbst.

Du bist ein Kind des Universums. Nicht weniger als die Bäume und die Sterne hast du ein Recht, hier zu sein. Und ob du dir klar wirst darüber oder nicht: Das Universum entfaltet sich zweifellos so, wie es werden soll.

Darum werde ruhig in Gott, wie immer du ihn dir auch vorstellst, wofür immer du dich mühst und wonach immer du dich auch sehnst im lärmenden Durcheinander des Lebens. Lebe in Frieden mit deiner Seele.

Mit all ihrer Lüge, der Plackerei und den zerbrochenen Träumen ist es noch immer eine wunderschöne Welt. Sei vorsichtig. Ringe darum, glücklich zu sein.«[28]

Das Wesentliche

Bist du zu den Quellen des Meeres gekommen
und auf dem Grund der Tiefe gewandelt?
Hiob 38,16

Seid aber untereinander freundlich und herzlich und vergebt
einer dem andern, wie auch Gott euch vergeben hat in Christus.
Epheser 4,32

Einer
sagt dem anderen
das ihm Wesentliche.

Wenn es wirklich wesentlich ist,
wird es – wie das Wasser –
überraschende Wege finden,
an die keiner denkt.

Es wird ankommen und am Ziel sein,
bevor ein Absender es auf den Weg schickt.

Vielleicht versinkt es
in der Tiefe
und ist damit genau am Ziel.

Anmerkungen

1 Gerhard Engelsberger, Wir kommen auf Umwegen, Karlsruhe 1991

2 Nach: Friedenthal, Luther, München 1967, S. 647

3 Kevin W. Kelley (Hg.), Der Heimatplanet, Frankfurt 1989, S. 78

4 R.M. Rilke, Die Gedichte, Frankfurt 1987^{3}, S. 346

5 Herbert Grönemeyer, Weg. Aus »Mensch live« 2003

6 Peter Brown, Augustinus von Hippo, Frankfurt 1967, S. 16

7 Franz von Sales, Über die Gottesliebe. Meditationen, Zürich 1978, S. 40

8 Gerhard Engelsberger, Aus Überzeugung evangelisch, Stuttgart 2012, S. 35f.

9 Lutz Röhrich, Lexikon der sprichwörtlichen Redensarten, Band 1, Freiburg 1994, S. 296

10 Nach: http://www.zitate-online.de/autor/krailsheimer-hans/

11 Weisheit 13,5

12 Nach Frieder Schulz, Heute mit Luther beten, Gütersloh 1978, S. 40

13 Arno Geiger, Der alte König in seinem Exil, München 2011, S. 10f

14 Reiner Kunze, auf eigene Hoffnung. Gedichte, Frankfurt 1998, S. 66

15 A.a.O.

16 Petra Millet, Unfruchtbar? Parabel, aus: Das Lied vom Regenbogen, Gebete einer 17-Jährigen, Stuttgart 1976, S. 80

17 A.a.O.

18 Nach Stacy Schiff, Kleopatra. Ein Leben, München 2013, S. 119

19 Gerhard Engelsberger, Wenn der Mandelbaum blüht, Stuttgart 1994, S. 38

20 Arnold van Gennep, Übergangsriten. 3., erw. Aufl., Frankfurt a.M./New York 2005 (Les rites de passage. Étude systématique des rites, 1909)

21 https://de.wikipedia.org/wiki/%C3%9Cbergangsritus

22 Michael Nüchtern, Kirche bei Gelegenheit. Kasualien, Akademiearbeit, Erwachsenenbildung (Kohlhammer), Stuttgart 1970

23 Klärchens Lied, Aus »Egmont«, 3. Aufzug, 2. Szene

24 http://de.statista.com

25 Nach der Lutherbibel 1970

26 Philipper 4,5

27 Gerhard Engelsberger und sein Kinderchor, Traumstraße. Lieder und Geschichten von Gerhard Engelsberger, Stuttgart 1990, Nr. 1

28 Nach den meisten Angaben »Aus der alten St. Pauls-Kirche in Baltimore, aus dem Jahr 1692«, in Wirklichkeit vom amerikanischen Schriftsteller Max Ehrmann, 1872 geboren, Todesjahr unbekannt«; Übersetzung/Interpretation Gerhard Engelsberger nach: Desiderata, Friedrich Schütter, WB 46 181 LP / WB

Quellennachweise

Alle Bibelzitate aus: Lutherbibel, revidierter Text 1984, durchgesehene Ausgabe, © 1999 Deutsche Bibelgesellschaft, Stuttgart.

S. 148 und 150, Reiner Kunze »Er wußte, was brücken wissen: Sie verbinden …«, aus: ders.: auf eigene hoffnung, © S. Fischer Verlag GmbH, Frankfurt am Main 1981